ABANS NINGÚ DEIA T'ESTIMO

abans ningú deia t'estimo

testimoni de filles i fills de presos polítics

Anna Forn
Beta Forn
Laura Turull
Marta Turull
i Oriol Sànchez

escrit per Francesc Orteu a partir de converses amb els protagonistes

catedral

Primera edició: juliol del 2018
Cinquena impressió: juliol del 2018

Coberta: Run
Direcció editorial: Iolanda Batallé Prats

Casa Catedral®
Josep Pla, 95
08019 Barcelona
Catedral és un segell d'Enciclopèdia Catalana.

Imprès a Liberdúplex
Ctra BV 2249, km 7,4
08791 Sant Llorenç d'Hortons

Dipòsit legal: B-19.225-2018
Imprès a la UE

ISBN: 978-84-16673-71-1

El primer cop no saps què sentir

Oriol Sànchez

Jo no era independentista, no acostumava a anar a les manifestacions, i el pare em solia dir que era un passota. Les meves germanes petites sí que hi anaven, amb la mare. Però jo no. No era el meu problema. Amb els amics algun cop parlàvem de política, però no amb el meu pare. Abans del primer referèndum, el del 9-N, li deia que no pensava anar a votar i ell mig s'enfadava. M'agradava burxar-lo. Però, sincerament, la meva opinió solia ser que a Espanya hi havia moltes coses que calia canviar i que era feina de tots intentar-ho. Que Catalunya aportés més diners em semblava normal. Si les coses anaven bé, era lògic contribuir i ajudar altres regions. Però tot això va canviar. Ara sento frustració i tristesa. Les coses no es poden fer pitjor. No sento odi. No és culpa de la gent d'Espanya, però no hi ha solució. Cal crear un país nou, un país millor per a tothom.

Quan miro enrere, aquests últims mesos, veig que he estat bé d'ànims. Em considero una persona bastant estable. Potser en algun moment he agraït que algú em digués alguna cosa, però no tinc la sensació d'haver viscut una època especialment fotuda. En el meu dia a dia soc feliç. Em sento content perquè sé que el meu pare ho vol així, i perquè jo soc així. Quan entres en una dinàmica en què tot és negatiu, acabes caient en un forat del qual et costarà sortir. Algun cop pots tenir la temptació de considerar-te una víctima, de fer que estiguin més per tu, però aquesta no és la solució a res. Tu has de dirigir la teva vida. I des del primer moment de l'empresonament del pare, vaig intuir que m'havia de centrar en les coses quotidianes positives, que no m'havia d'obsessionar amb aspectes negatius que no depenien de mi. I va ser una bona decisió. Algun cop he parlat amb un psicòleg, però més per curiositat que per necessitat. En general, me n'he sortit prou bé tot sol. Sé estar sol, però alguns cops se m'ha fet evident de manera molt potent que, malgrat tot, jo no estava sol. I adonar-te d'això pot ser desconcertant.

El dilluns 16 d'octubre van empresonar el pare i al cap de dos dies, el dimecres, hi havia un partit de Champions al camp del Barça. Jugava contra un equip grec, em sembla. Era un partit gairebé de tràmit. El dia anterior no havia tingut ganes de sortir de casa. No havia anat a la universitat, i el Marc, un amic de la facultat que té carnets, va convidar-me a l'estadi. El futbol ja no m'interessa tant com abans. El meu pare diu que sí, que és del Barça, però no mira cap partit. Està per altres coses. Recordo que aquell dimecres plovia molt. Jo estava en xoc. Era el primer cop que estava davant de tanta gent que cridava «llibertat, llibertat». Sentia una mescla de sentiments. No sabia què fer ni què dir. No em sortia afegir-me als crits de la gent. No vaig ser capaç d'obrir la boca. Només escoltava com tothom cridava. El Marc em mirava i tampoc sabia què dir-me. I la gent continuava cridant «llibertat, llibertat» amb molta força. Feien allò pel meu pare. Era el primer cop que sentia una cosa similar. Després he tingut aquesta mateixa sensació en altres manifestacions. Però la primera vegada sobta molt.

Es va desplegar una pancarta groga immensa amb les paraules «diàleg, respecte, esport» i va començar el partit. Em sentia desconnectat. Mirava els jugadors, però era com si no acabés d'entendre a què jugaven. Malgrat tot, va estar bé anar a l'estadi, em va fer bé. Mai hi havia anat amb el Marc i el seu pare. Tot era estrany i senzill. Hi havia una situació molt potent que jo no acabava d'assumir i hi havia un amic que tampoc sabia ben bé què fer, però que era al meu costat. Em vaig sentir agraït. Crec que el Barça va guanyar sense gaires dificultats.

El primer cop que et passen coses no saps què sentir, no saps com t'afectaran i, a poc a poc, tot se't va fent familiar. Quan saps què pots esperar, encara que sigui dur, una part de l'angoixa desapareix. Una de les coses més dures és la incertesa, estar esperant sense saber si el teu pare quedarà en llibertat o no.

El dia que el meu pare va anar a Madrid a declarar davant del jutge i va ser empresonat, jo era a casa. Estava tan neguitós que vaig decidir anar al gimnàs. Hi acostumo a anar tres cops per setmana, als vespres normalment. Fa un any que hi vaig i, al pare, que decidís fer-ho no li va acabar de semblar bé, perquè té la típica imatge del culturista quadrat i sense cervell. Però a mi m'agrada. Així que vaig anar a aixecar peses molta estona. En acabar, mentre em vestia vaig veure que eren les nou del vespre i que el pare havia enviat uns whatsapps al grup de casa. «Aneu a dormir ja?», «Abril, renta't les dents», i al cap d'uns minuts van començar a entrar molts altres missatges, de tota mena de coneguts. Molts deien només «ho sento». No entenia res. No podia assimilar què estava passant. Vaig acabar-me de vestir i vaig sortir al carrer, al barri del Guinardó de Barcelona, on vivim, i va començar a ressonar per tot arreu una cassolada enorme. A les finestres i els balcons, molta gent picava. Què estava passant? Mai ploro. Em costa molt. Quan vaig arribar a casa, les meves germanes ja dormien i la mare estava plorant. Va ser un moment dur. Vaig entendre que el pare no tornaria a dormir aquella nit, ni l'endemà tampoc, ni l'altre. Des d'aquell dia, el pare no ha tornat a casa. Vaig mirar la mare i no vaig ser capaç de dir-li res. Ella tampoc no em va dir res a mi. Què ens podíem dir? Al carrer, les cassoles no paraven de sonar.

Un altre moment d'incertesa va ser a principis de desembre. La campanya electoral de les eleccions del 21 estava a punt de començar i el jutge espanyol havia de decidir si deixava en llibertat els candidats. El 4 de desembre va considerar que convenia alliberar-ne uns i mantenir-ne empresonats uns altres, entre ells el meu pare. La notícia es va saber al migdia i jo era sol a casa, mirant la tele. Em va impactar molt. Havia d'anar a buscar la meva germana petita, l'Abril, a l'escola. Ho havia de fer tant sí com no. La vaig esperar i ella va sortir parlant amb les seves amigues, com sempre. Li vaig agafar la mà i, quan ja érem una mica lluny de l'entrada i d'altres pares, ella em va preguntar: «El papa surt?». «No». «I els altres?», va voler saber.

L'Abril, molt seriosa, em va demanar per què uns sí i altres no. Em va mirar i no vaig saber què respondre-li. No vaig ser capaç de dir-li res. No ho sabia. Vaig fer l'esforç de no plorar. Ho intentava amb totes les meves forces, ella ho va veure i la seva reacció em va deixar clavat. Em va dir «estàs plorant» i es va posar a riure. Era un riure tens, rabiüt. I jo allà, plantat al mig del carrer.

Llavors ella va arrencar a córrer. Se'm va escapar i no es va aturar fins a arribar a casa. Allà es va posar a plorar desconsoladament i jo la vaig abraçar molt fort. Ella no m'estrenyia, només es deixava abraçar.

A la meva germana petita no li agrada veure'ns plorar i ens renya. Recordo la primera trobada familiar a la presó. De tant en tant, entre els familiars es fan controls aleatoris per tal de veure si entren droga, i uns guàrdies civils ens van acostar uns gossos enormes. Feien por i l'Abril es va espantar molt. Ens van posar de cara a la paret i jo no podia fer res per tranquil·litzar-la, però veia que la mare la protegia. Els gossos ens van olorar i van marxar. Algun altre cop hem tornat a veure'ls i encara m'intimiden.

En aquella primera visita vaig començar a entendre què volia dir anar a una presó. És una situació que cap conegut meu ha viscut. Ningú me n'havia parlat i era impossible estar preparat per assumir-la. Així que ho vaig viure amb una sensació d'irrealitat, com si tot allò no m'estigués passant. Però vas assumint que sí, que ets en una presó. El pare tampoc no sabia com reaccionar quan ens vam trobar allà dins. Recordo que el vam veure a l'altra banda d'una porta de barrots i ell va fer una broma. Era estrany perquè no sol fer-ne. És força seriós. El pare agafava els barrots com si els volgués forçar. Veure'l fer aquell gag ingenu va ser una sensació agradable. Vam entendre que se sentia optimista. Vam estar-nos-hi dues hores i vaig arribar a oblidar el lloc on érem. Vam discutir per alguna ximpleria que no recordo i el pare va dir: «Em feu sentir com si fóssim a casa».

El temps va passar de seguida i un funcionari va venir a buscar el pare. Els primers que surten són els presos. Quan es va posar dret i va caminar cap a la porta, de manera instintiva l'Abril també es va aixecar i el va acompanyar. Això va sorprendre el funcionari, que li va dir: «Tú no, tú te esperas, a no ser que quieras quedarte aquí, que nadie quiere». Però a l'Abril aquelles paraules li eren igual. Ella hauria volgut continuar amb el pare, fos on fos que se l'enduguessin.

En un altre vis-a-vis, just quan vam sortir de la sala, vam coincidir amb els familiars del Jordi Cuixart. La Txell anava amb el fill acabat de néixer i els pares del Jordi. Els funcionaris van permetre que el Cuixart se'ns acostés i, aixecant el puny i somrient, ens va donar ànims. La mare i la meva germana mitjana, la Clara, es van emocionar. També el pare es va emocionar i a mi se'm va fer un nus a la gola. L'única que semblava sencera era l'Abril, que semblava disgustada. Mirava els adults i els renyava com dient «deixeu de plorar».

La gent torna a la vida normal

Beta Forn

Un amic, una exparella, em va dir: «Al teu pare el volen fer conseller, com és que no m'havies dit res?». No li havia dit res perquè no en tenia ni idea. Arribo a casa, parlo amb el meu pare i ell també estava sorprès. «A mi també m'ha arribat la notícia, però no m'ho ha dit la persona que se suposa que m'ho ha de dir.»

Potser van passar unes hores, va ser aquella mateixa tarda, quan va sonar el telèfon del meu pare. Érem al menjador i, abans de despenjar, el va girar cap a mi dient «mira». En la pantalla vaig llegir «Carles Puigdemont». Em va somriure i va respondre. Era un somriure de sorpresa, un somriure nerviós. La trucada va canviar la seva vida i també les nostres.

També hi havia la mare, que s'ho mirava més seriosa. Va ser una trucada curta. Vaig veure el meu pare segur. Crec que tenia clar què havia de fer, que se sentia compromès amb la situació del país. Jo em sentia orgullosa que formés part del Govern, però veure l'expressió continguda de la mare em va crear sentiments contradictoris.

Aquella tarda de juliol jo no sabia què vindria després. Pensava que la trucada era un pas més en la seva carrera, un moment d'alegria, com quan l'Artur Mas va ser president o quan va començar a treballar a l'Ajuntament de Barcelona amb el Xavier Trias. A la família hem viscut intensament cada etapa política i ara el feien conseller d'Interior.

Les vacances van ser una mica estranyes. Com cada estiu vam llogar una casa a Cadaqués, però el meu pare no hi va venir gaire. Vaig estar-me amb la meva germana i la mare, al nostre aire. A mitjans d'agost vam anar tots a Viladrau, per celebrar el sant de l'àvia i també per fer el comiat de la meva cosina, que marxava a Boston. El pare va tornar a la feina i, un parell de dies després, érem a casa seva, al jardí, parlant, quan algú va dir: «Hi ha hagut un atemptat a Barcelona». Era el 17 d'agost. No sé què em va passar. Se'm van creuar els cables. Soc així, una mica impulsiva. Una mica no, molt. Vaig agafar el telèfon i el vaig trucar. «Papi, estàs bé?»

Ell em va fotre un crit. «Estic treballant!». Em va saber greu emprenyar-lo, però l'atemptat era a Barcelona i ell era a Barcelona, així que necessitava saber si estava bé. Ni se'm va passar pel cap el fet obvi que devia estar coordinant tota l'operació policial.

Quan el vaig veure a la televisió em va semblar tens. Només feia un mes que exercia el càrrec i tot indicava que les coses s'estaven fent molt bé. Tothom ho deia. Al cap de pocs dies la situació semblava controlada. Jo no el vaig poder veure fins una setmana després de l'atemptat, quan va venir a Viladrau per desconnectar una mica.

Tenir-lo un altre cop al costat em va impressionar. Em va dir: «Acompanya'm al caixer». Només havia d'anar a treure uns diners, però volia que estigués amb ell. Algú que no era de Catalunya i devia estar fent turisme el va reconèixer i li va dir: «Hombre, ministro». Ens va fer riure a tots dos. És una broma que ens hem tornat a fer algun cop.

Durant alguna visita a la presó, hem parlat dels atemptats jihadistes de Barcelona i Cambrils i de la feina que es va fer a la Conselleria d'Interior. El meu pare em va explicar una reunió que va tenir amb el president del Govern espanyol, la vicepresidenta, algun ministre, el president Puigdemont, el major Trapero i altres consellers. «Recordaré tota la vida la seva expressió desencaixada a mesura que anàvem escoltant la descripció de l'operatiu que havíem desplegat.» Estic convençuda que ell és a la presó en bona part per la feina excel·lent que van fer els Mossos.

Al meu pare li va saber especialment greu la portada d'un diari editat a Barcelona dient que la CIA havia avisat de l'atemptat els Mossos. Em va dir: «Estan jugant amb coses amb les quals nosaltres seríem incapaços de jugar».

El 20 de setembre va ser un altre dia complicat per al meu pare. La policia espanyola va fer un desplegament desproporcionat i intimidatori a Barcelona. Van entrar en molts despatxos de la Generalitat i van anar a buscar gent a casa seva. Era dimecres, feia poc que havíem començat les classes a la facultat, però no hi vaig anar. Em vaig passar el dia davant de la Conselleria d'Economia, amb amics. Em sentia preocupada i enrabiada. Tot allò era humiliant. S'acostava el dia del referèndum, la policia espanyola no trobava les urnes per enlloc i ens volien intimidar. Va ser un dia molt tens. Vaig tenir una sensació que, des de llavors, he sentit sovint: la sensació de no estar vivint la realitat de la mateixa manera que els meus amics, com si a mi tot m'afectés de forma diferent. Com si jo fos capaç d'adonar-me de coses que ells no podien veure. Havíem passat tot el dia plantats al carrer i estàvem cansats. Algú va dir: «Me'n vaig a comprar birres, quantes en pillo?». De fet, és una pregunta completament normal, però tinc present l'efecte que em va produir. «Però com pots estar pensant en cervesa?». Era impossible que jo pogués dir res similar en aquell moment. Vaig entendre que els meus amics eren allà, amb mi, però que tot allò tampoc no els afectava tant. Constatar-ho em va fer evident una distància entre ells i jo. Molts amics m'han donat suport, i els ho agraeixo, però no puc deixar de sentir com si hi hagués un plàstic entre els seus sentiments i els meus. La gent s'escalfa, s'emprenya, s'indigna, però passen els dies i tothom torna a la seva vida normal. Tot s'acaba oblidant.

La primera persona amb qui vaig trencar aquesta distància va ser la Laura Turull, en la manifestació de l'11 de novembre, aquella que es va fer un dissabte a la tarda i, quan es va fer fosc, es va omplir tot amb les llums del mòbil.

La resta de gent, sovint crec que no m'acaben d'entendre. O que no em sé explicar. Normalment ja ni ho intento. Explico les coses per sobre evitant els detalls. Només la Laura i l'Uri entenen la importància d'alguns detalls.

El pare dorm a casa?

Anna Forn

Jo no acabava d'entendre què passava. Intentava parlar amb la Beta, la meva germana, i no aconseguia que em digués res. La sensació era angoixant. Els telèfons segurament estaven intervinguts i ja entenia que a casa tinguessin la precaució de no donar segons quina informació, però jo volia saber què passava amb el pare, si estava bé.

Per a mi, que ho he viscut tot des de Londres, els dies més desconcertants van ser els anteriors a l'ingrés del pare a la presó, el 2 de novembre, un dijous. Des de la declaració d'independència del Parlament, el divendres anterior, 27 d'octubre, vaig intentar saber què passava consultant webs de diaris. Vaig sentir rumors. «Però el pare és a casa? Dorm a casa?». «Anna, no preguntis res», em va dir la Beta.

Li feia altres preguntes, però ella no em responia i m'anava posant més i més nerviosa.

Aquesta sensació d'estar desconnectada en un moment crític és inquietant.

No sé quan, es va anunciar que hi hauria una roda de premsa des de Brussel·les. El meu pare era a Brussel·les? Des de quan? Què pensava fer? Què en sabien, la meva mare i la meva germana?

Ara, quan t'estic explicant tot això, m'adono que encara no sabria dir-te què va fer el pare aquells dies, quan va marxar a Brussel·les, si hi va anar directament o no. Ni sé si ho ha explicat a la Beta o a la mare.

La roda de premsa de Brussel·les va ser dimarts 31, a l'hora que jo era a classe. Hauria estat millor que aquell dia no hi hagués anat, però soc una persona freda, no m'emociono fàcilment i tinc una responsabilitat amb el màster que faig. Des de casa fins a la universitat tinc una bona estona. Visc al sud de Londres i vaig a classe al nord de la ciutat. Vaig estar mirant el mòbil tot el trajecte, però no hi havia cap informació sobre qui participaria a la roda de premsa. Quan vaig arribar a l'aula estava molt nerviosa. Faig un màster en relacions internacionals i pràcticament tots els altres estudiants també són estrangers. Aquell dia tothom estava al cas del que passava a Catalunya, que hi havia una roda de premsa des de Brussel·les. Fins i tot hi havia qui en feia broma. En recordo una que em va saber greu. Algú va dir: «Que mirin els bancs, a veure si s'han endut diners». Era una estupidesa. Des de petita m'he acostumat a sentir comentaris despectius dels polítics, però aquell dia em va doldre especialment. Qui va fer la broma no tenia ni idea que un d'aquells de qui se'n reia era el meu pare. Tampoc vaig dir-li res. Ja vaig començar la classe girada. Abans, però, em vaig acostar al professor i li vaig comentar que, si no li importava, de tant en tant aniria consultant el mòbil.

No sé si feia gaire que havia començat la classe, quan algú que sí que sabia que el meu pare era membre del Govern, em va confirmar que era a la roda de premsa. El professor va veure que jo estava distreta i va aturar la classe per fer-me una pregunta sobre allò que estava explicant. I després una altra i una altra. Jo, la veritat, no estava concentrada i les respostes segur que no van ser gaire bones. Ell insistia amb una pregunta més i a mi se'm va trencar la veu. No vaig plorar, a classe, davant dels companys, però tothom va veure que em passava alguna cosa. Llavors em va deixar estar, va seguir explicant. No entenc per què ho va fer. Jo ja l'havia avisat.

A mitja classe, vam fer un descans i el professor va venir a trobar-me. Jo li vaig dir que el meu pare era conseller d'Interior del Govern de Catalunya, que des d'abans del cap de setmana no sabia on era i que ara per fi sabia que era a Bèlgica. L'home es va quedar tallat. No sabia què fer. Va estar un moment en silenci i va marxar. Em vaig sentir molt malament. Vaig anar al lavabo i em vaig posar a plorar. Volia estar sola.

Uns minuts després vaig sortir. No plorava, però tampoc estava calmada. El professor potser va tenir la lucidesa d'entendre que s'havia comportat amb la mateixa intel·ligència emocional que un mosquit i va voler saber com estava. Em va preguntar si podria continuar la classe i li vaig dir que sí, però que, si us plau, aquell dia no em tornés a fer preguntes.

Soc una persona que no es deixa anar fàcilment. Crec que em sé controlar, però aquell dia em sentia molt trasbalsada. No sabia com gestionar el fet d'haver plorat. Estava sorpresa i avergonyida amb mi mateixa.

Aquella nit vaig escriure un mail al professor en què li deia que m'havia sabut greu tota la situació. Li volia explicar coses que potser aquella tarda a classe no li vaig saber explicar. No volia que es pensés que jo tenia alguna mena de prevenció a l'hora de parlar del meu pare o de política. Al contrari. Sempre m'ha agradat molt parlar-ne. Hi estic acostumada. He estudiat Dret, m'interessa la política, així que no m'importava gens explicar a classe què passava a Catalunya, o de què acusaven el pare i per què l'havien tancat a la presó de manera totalment injusta. És cert que a partir d'aquell dia el professor s'ha anat preocupant per com estava.

La tarda de la roda de premsa, quan vaig saber que el pare havia marxat a Brussel·les i quan encara no sabia si tornaria, va passar una altra cosa que em va commoure.

Una de les meves companyes és una noia de Turquia, la Sümeyye. No som especialment amigues. No ho érem abans i no ho hem estat després. Se'm va acostar al passadís i va veure que jo tenia els ulls humits. Em va dir si podia fer-me una abraçada. I me la va fer. Li vaig agrair molt el gest, em va semblar una noia valenta. Però també vaig sentir-me estranya deixant-me abraçar per una persona que no podia saber exactament què m'estava passant a mi i a la meva família. Ella, en canvi, semblava tenir molt clar què m'havia d'aconsellar.

«Prega», em va dir.

Suposo que li vaig somriure. No se m'hauria acudit mai que pogués ser una solució.

Tot era grotesc i violent

Beta Forn

El dia de la proclamació d'independència, vaig anar a celebrar-ho amb els amics i, quan érem al bar, per casualitat, va aparèixer una exparella amb qui encara som bons amics. Feia temps que no el veia perquè se'n va anar a viure a Madrid. Li vaig dir que vingués a sopar a casa, que podria saludar els meus pares. Quan vam arribar a casa i vaig obrir la porta, vaig veure que no hi havia ningú. Era estrany. On podien ser? A la tarda havia vist el meu pare per la tele, al Parlament, amb els altres polítics independentistes, i se'l veia tens.

Com que no venia ningú, vam començar a sopar i al cap d'una estona van arribar els pares amb l'àvia Maria i dues parelles d'amics. Allò encara em va estranyar més. Els veia inquiets. Es deien coses en veu baixa. Els preocupava alguna cosa de la qual no volien parlar obertament. Era clar que no tenien ganes de celebrar res.

Llavors el meu pare em va cridar. M'havia de dir una cosa només a mi i el vaig seguir fins a la seva habitació. Quan hi vaig entrar vaig veure una imatge que em va impressionar. Sobre el llit hi havia una maleta oberta, amb roba seva. «He de marxar», em va dir.

Vaig veure que allò era molt seriós i, de cop, em vaig posar a plorar. «Ara no has de plorar», em va dir i em va abraçar. «No vull que pateixis, has d'estar tranquil·la, però no pots explicar res a ningú. Eixuga't les llàgrimes, surt i que no se't noti res.»

Però allò era impossible. La meva exparella em coneix molt bé i, efectivament, de seguida em va preguntar què estava passant. Li vaig dir que res, va insistir però va entendre que jo no parlaria.

La mare i jo no sabíem on anava el pare. El vam abraçar, li vam dir adeu i, l'endemà, a través d'un amic, ens va fer arribar una carta molt llarga i emotiva. L'Anna, des de Londres, no parava de trucar i de preguntar. Jo tampoc no li podia dir res. Havia de ser molt dur per a ella.

Al cap de dos dies, es va saber que el president Puigdemont faria una roda de premsa a

Brussel·les. No teníem ni idea de si el meu pare hi seria o no, i veure'l allà ens va tranquil·litzar. Però només va ser un moment. De seguida em va sorgir un altre dubte: i ara què?

El dia de la roda de premsa de Brussel·les jo era a Barcelona. Havia quedat amb una amiga de la universitat per anar a sopar, crec. La mare era a Viladrau i el meu pare li va trucar. Ell havia decidit tornar. Després, quan l'he visitat a la presó i ha sortit aquest tema, m'ha explicat que ho tenia clar per molts motius. Quedar-se a l'exili significava que a la seva mare, l'abuelita, com li diem a casa, li podia passar qualsevol cosa sense que ell pogués estar al seu costat. També estava convençut de tot el que havia fet i que era innocent. A més, havia acceptat una responsabilitat i no volia deixar sols els Mossos, perquè s'hi sentia en deute. El Major Trapero ja estava processat i el seu lloc era aquí. Malgrat tot, el meu pare tenia assumit què podia suposar venir a Catalunya, implicava que només s'hi estaria unes hores perquè el farien anar a Madrid. Encara que remota, ell creia que hi havia alguna possibilitat que no el tanquessin. Però estava totalment convençut que havia de tornar i presentar-se davant de la justícia espanyola.

Després de rebre una trucada seva, la mare em va trucar per dir-me: «El teu pare ve, demà l'han cridat a declarar, estic venint per recollir-lo a l'aeroport». La vaig voler acompanyar. Jo estava nerviosa. Em feia mal el pit. S'especulava amb la possibilitat que aquella nit també tornés el president Puigdemont. Les coses no estaven gaire clares. Ara, quan recordo tot això, em sento una mica estúpida, com una nena. Que innocent que era jo, llavors. Només han passat uns mesos i m'adono de tot el que he arribat a canviar en la manera d'entendre algunes coses. Dic que era innocent perquè vaig preguntar a la mare si, quan sortís per la porta, l'aplaudiríem ben fort. Estava segura que hi hauria més gent esperant-lo i que tothom el rebria amb entusiasme. Però no va ser el cas.

Quan vam arribar a la terminal 1, hi havia molts periodistes però poca gent. Tot semblava tranquil. Vaig anar cap al lloc on s'obren les portes i, després d'una estona, el vaig veure. Les nostres mirades es van trobar i em va fer un somriure enorme. Però de seguida li va canviar la cara. Va fer aquella cara que em fa por, la cara de quan està molt enfadat. Ell estava veient darrere meu una cosa que jo no veia.

Tota aquella gent va sortir de sobte. Potser estava amagada. No ho sé. Vaig sentir un crit molt desagradable. Recordo que era d'una veu gastada i afònica. L'insultava. Li deia de tot. I va començar a sonar l'himne d'Espanya. Van aparèixer set o vuit tios amb banderes, molt agressius.

El grup se'm va llançar a sobre. Em van empènyer i vaig perdre una vamba. Tinc caràcter i em vaig girar per cridar: «¿Qué coño haces?», i vaig apartar una bandera espanyola que em tapava la cara. Llavors em vaig avançar i vaig anar cap a la porta estirant els braços, com volent contenir tots aquells animals, fent un gest per protegir el meu pare. Ell em mirava enfadat, uns metres enllà. Estava envoltat de càmeres i ningú no l'estava ajudant. Com pot ser que no hi haguessin Mossos? Em va dir: «Beta, què fas? Surt d'aquí, sisplau». Segur que pensava: «Ara mateix, només em faltes tu».

El meu pare va avançar i tothom es llançava sobre seu, envoltant-lo. No el podia abraçar. No podia ni tocar-lo. El vaig perdre de vista. El caos era enorme, amb crits, banderes, l'himne. Tenia a tocar un dels que cridava «a prisión», amb les venes inflades i una boca on faltaven dents. El grup amb ell al mig es va allunyar i vaig quedar sola, amb la vamba a la mà.

Em costava respirar. Vaig intentar seguir-los, però no podia. Tenia la sensació que m'ofegava, com un nen que neix i s'ofega perquè no pot plorar. Queia, era una sensació que no havia viscut mai. No podia caminar.

Va venir la mare i vaig veure que ella també estava malament. Estava tan preocupada per mi que va demanar que vingués el servei mèdic. La gent ens mirava. Jo era asseguda a terra. Algú va dir que el metge ja venia.

Però jo no volia esperar cap metge, volia seguir el meu pare, que no s'allunyés. Volia anar allà on anés ell. No sé què va passar a continuació. No ho recordo amb precisió. Suposo que em devia aixecar i continuar fins al pàrquing. L'Oriol Carbó, l'amic de tota la vida del pare, era al cotxe. De fet, ell ens havia dut a l'aeroport. El meu pare ja era assegut al seient del copilot i els periodistes no deixaven avançar el cotxe. Una periodista d'un canal espanyol em va dir alguna cosa sense cridar. Em va preguntar si estava bé. Suposo que volia ajudar, però en aquell moment la seva atenció em va semblar desagradable.

L'Oriol ens va dir a la mare i a mi que pugéssim al cotxe, al darrere. Un cop dins, vaig tancar els ulls. Volia calmar-me. Quan els vaig obrir, a l'altra banda del vidre, a un pam de la cara, hi tenia l'objectiu d'una càmera.

Tot era grotesc i violent, molt desagradable. Recordo que el meu pare va abaixar una mica la finestra i va renyar els periodistes. Els va dir una cosa que, ara, quan hi penso, em fa riure: «Molt bé, us felicito, heu fet plorar una nena petita».

El cotxe va accelerar i vam entrar a l'autovia. Ell em va oferir la mà. Durant molta estona, la seva i la meva van estar agafades.

Deixa la política
Laura Turull

Era dimecres i va ser un dia molt dur. L'endemà, 22 de març, hi havia convocat al Parlament el ple d'investidura que podia convertir el meu pare en president de la Generalitat. La gent m'enviava missatges al mòbil felicitant-me. Per felicitar-me de què?, pensava jo. No en vaig respondre cap.

Al matí havia fet un examen, no em va anar ni bé ni malament, i al migdia va aparèixer la notícia que el jutge espanyol citava a declarar el pare. En saber-ho, el vaig trucar i em va dir una frase brutal: «Divendres potser em tancaran a la presó». Ja hi havia estat, a la presó, i l'havien deixat anar abans de la campanya electoral del 21 de desembre. Només havien passat tres mesos i em deia que hi tornaria a entrar. Em revoltava aquesta idea.

Vaig estar enviant-li missatges tota la tarda. «Per què has de ser candidat?», «deixa la política», «renuncia a tot», «per un cop a la vida, pensa en nosaltres i no en el país».

Són missatges durs. El papa estava sotmès a una gran pressió i només li faltava que la filla gran el pressionés més amb whatsapps. Però sentia desesperació, impotència. Era un malson. És la sensació terrorífica que els malvats et persegueixen, que són molts i molt poderosos, que van a per tu i que saps que no s'aturaran, que no pots fer-hi res.

A mitja tarda vaig arribar a casa histèrica. Vaig fer una cosa que no havia fet mai, vaig clavar un cop de peu a una cadira, enrabiada. La Marta, la germana petita, va sortir de la seva habitació. Em va escoltar, va deixar que em desfogués. Jo no parava de criticar el pare. Estava enfadada. El feia culpable de tot. Parlar amb ella em va relaxar una mica. Una estona abans havia anat amb la mare a buscar el cotxe al dipòsit municipal de Parets. L'havia deixat mal aparcat i la grua se l'havia endut. Vam anar-lo a buscar caminant, i vam tornar sense dir-nos gran cosa, capficades.

El papa era al Parlament i, segons em va dir després, els meus missatges l'havien emocionat i va decidir tornar a casa abans, per poder estar amb la família. Però allò no va resultar gaire agradable per al meu pare, perquè quan va arribar vam discutir. Va ser una discussió molt intensa, i molt injusta per part meva. Jo vaig aixecar la veu, vaig cridar. No el deixava parlar. No deixava dir-li res. L'acusava. Li feia preguntes. Li suplicava. Intentava fer-lo reaccionar. Jo no sé què pretenia, però segur que li vaig transmetre una angoixa terrible, tota la meva impotència. Per què t'han de tancar a la presó? Quina merda de país. Quina merda de política. Deixa-ho estar, papa!

Uns bons amics del pare van venir a sopar, per parlar de la situació. Tothom donava per fet que el tancarien perquè ja s'havia filtrat la decisió del jutge. Van parlar del discurs que havia de fer l'endemà i jo li vaig demanar que parlés també en castellà. Li vaig dir que el país estava dividit. «Has d'aconseguir que creguin en tu», li vaig dir. Calia intentar arribar a tothom. Potser allò podia evitar que el tanquessin. Vaig dir-li que hi ha discursos que havien canviat la història i que el seu havia de ser un d'aquells, un discurs que servís per unir les persones.

Participar en el sopar, parlar de política, del discurs d'investidura, em va animar. Tendeixo a ser optimista. Soc positiva i estava segura que hi havia una possibilitat, una esperança. M'agrada pensar així. Estudio Dret perquè realment crec en la justícia.

Després de sopar, vaig abraçar el meu pare, vaig fer-ho amb molta força i li vaig demanar perdó. «Ho sento. Em sap molt greu haver-te cridat, haver-te dit tot el que t'he dit. És injust. He sigut massa dura.» Ell em va explicar que, potser, si el feien president, això podia ser una protecció per a tothom. Si hi havia un president investit potser no gosarien tancar ningú a la presó. Suposo que m'ho vaig creure i segurament em vaig esforçar a somriure, però recordo que vaig veure el pare molt trist. Al cap de poques hores l'acompanyaria al Parlament, per escoltar el seu discurs.

Una estona després em vaig ficar al llit, amb angoixa, molt neguitosa. No em podia creure que no hi hagués res a fer. No sé com vaig poder dormir. Potser vaig aconseguir-ho perquè no devia ser del tot conscient que aquella era l'última nit que el pare dormiria a casa.

L'endemà, vaig portar al Parlament l'americana i els pantalons que el papa s'havia de posar durant el debat d'investidura. Estic acostumada a veure'l al menjador de casa, escrivint discursos o assajant-los. Fa anys que es dedica a la política i n'ha hagut de fer molts. Quan vaig arribar al Parlament, vaig anar al seu despatx, vaig trucar i em van fer passar. Em va impressionar el que vaig veure. El pare repassava el discurs i al seu voltant hi havia set o vuit persones analitzant cada frase, valorant si calia fer servir una paraula o una altra. I ho feien amb un posat seriós, com si la feina que tenien entre mans fos molt delicada i demanés una gran precisió, com si alguna cosa greu pogués passar si no s'encertava amb exactitud la manera correcta de dir cada cosa. I realment era així. Em va commoure adonar-me que allò greu que podia passar era que els tanquessin a la presó.

Als despatxos del grup parlamentari vaig saludar algunes diputades que conec des de fa temps i es van emocionar en veure que jo em sentia optimista, que creia que malgrat les dificultats, el pare faria un gran discurs i que les coses podien anar bé.

El pare em va fer cas i va fer una part del discurs en castellà. Es va fer la votació i la CUP no va votar a favor. El pare no va ser president. Dos dies després, dissabte, hi havia programada una segona sessió on el pare només necessitava una majoria simple per ser investit president. En acabar la sessió del Parlament ja era molt tard. L'endemà, divendres, a primera hora, havia de presentar-se davant la justícia espanyola, així que va marxar en cotxe cap a Madrid.

En aixecar-se el ple, vaig anar a trobar el pare als despatxos del grup parlamentari, on hi havia molta gent i moltes emocions. Li vaig dir que ho havia fet molt bé. Ell ens volia dir alguna cosa només a nosaltres, a la mama, a la Marta i a mi, i ens va demanar que l'acompanyéssim a un lloc discret. Vam baixar per unes escales que no havia vist mai que duen a una mena de pati interior, a la planta baixa, amb gespa. Érem en la penombra. Allà ens vam abraçar. Ens vam dir que ens estimàvem. «Us estimo molt», «les coses es solucionaran». Vam plorar i vam sentir amb molta força que érem una família. No és fàcil de descriure, però t'asseguro que és un sentiment molt intens.

Llavors vam tornar a pujar cap als despatxos i vam haver de passar per un passadís on esperaven el pare nombrosos diputats que l'aplaudien. «Jordi, ens veiem dissabte», li deien. Em va encongir el cor veure que companys del Parlament ploraven. Al final del passadís hi havia les càmeres. Vam passar per davant i vam baixar les escales principals, amb el cor bategant. Recordo que intentàvem anar ràpid, com si ens perseguissin, però al mateix temps sentia que no volia que les coses passessin. Tot era soroll. Hi havia molta adrenalina, molta tensió. Què volia dir tot allò? Veia el pare i sentia que estàvem junts, però que també estàvem sols. Era un fracàs i era una victòria. Era el final i era un començament. Què passaria amb el meu pare? Què passaria a la meva família?

Vam creuar el hall i vam sortir al parc, on ja els esperaven uns cotxes. Havien decidit que la mare l'acompanyaria a Madrid i que la meva germana i jo ens quedaríem a casa d'uns amics.

El pare va pujar al cotxe, va girar el cap i ens va mirar a la meva germana i a mi. Em va fer una mirada que transmetia moltes coses. Encara hi penso, en aquella mirada, i encara estic acabant d'entendre les coses que em deia. És una mirada que recordaré sempre. Llavors algú va tancar la porta i el cotxe es va allunyar, fins que va girar i es va perdre entre els arbres del parc.

Quan vam perdre el cotxe de vista, la meva germana va plorar molt. Potser jo ja ho havia tret tot el dia abans i em vaig mantenir més serena. Mentre abraçava la Marta vaig sentir una mena d'orgull especial, i de tendresa. La meva germana petita s'estava fent gran. Em va commoure. Havia estat capaç de contenir tot aquell sentiment fins que el pare havia marxat.

Saps que això passarà

Marta Turull

El papa i jo som iguals, ens entenem moltíssim. Tenim un vincle que no tinc amb la mama o la Laura. Som igual de desastres. Tots dos som despistats. Però en allò que ens assemblem més és en el caràcter.

Cada dia m'he de despertar a les sis perquè soc molt lenta. El papa intenta aixecar-me de qualsevol manera que se li acudeix: aixeca la persiana, obre la finestra encara que faci fred, posa música, m'estira el llençol o em llança aigua. Li encanta fer de nen dolent i jo, els caps de setmana, quan pot dormir, li faig el mateix.

Tinc el caràcter fort i sovint m'emprenyo. No sé si és perquè soc la petita, però no soc com la meva germana gran, la Laura, que sap guardar-s'ho tot i és capaç d'explicar bé les coses tal com toca. Jo no. A casa em diuen Peque i em molesta que no es prenguin més seriosament el que dic.

Recordo el dia que el van fer membre del Govern. Era a mitjans de juliol. Vam parlar amb companys del papa que també es dediquen a la política i algú va dir: «Heu de ser conscients que venen temps difícils». Jo vaig preguntar: «És possible que el meu pare acabi a la presó?», i en sentir-ho tothom es va posar a riure. «Com pots dir això?», «això podria passar quaranta anys enrere». En aquesta conversa no hi era el papa, però ell també feia broma amb el tema. «Haureu de comprar bitllets per anar-me a veure a Madrid.» La mama i la Laura reien, i el papa no tant però també. Un dia li vaig respondre de mala manera. Li vaig dir: «En vas fent broma perquè saps que això passarà». Aquell dia no va riure, em va mirar seriós i va callar. Estic segura que la frase li va fer mal.

Tots aquests mesos que fa que el papa és a la presó, jo no he pogut fer tantes coses com fa la Laura. Ella va a la ràdio i a la tele i li fan entrevistes. Jo soc menor i no tinc les mateixes opcions que ella, per això he de ser més decidida. Una setmana després del primer cop que van tancar el papa a la presó, es va organitzar una manifestació i van demanar als familiars que llegíssim una carta de cada pres. Quan la mama ens ho va explicar a casa, de seguida vaig dir que la llegiria jo. No s'ho acabava de creure. Potser a ella li feia respecte pujar dalt d'un escenari, però jo tenia molt clar que ho volia fer. Ni ho vaig dubtar.

Em van donar la carta del papa i la vaig llegir moltes vegades a casa, jo sola, tancada a la meva habitació. La llegia i plorava. És que ja m'emocionava amb la primera frase. La tinc gravada. «Des del mòdul 4 de la presó d'Estremera, us voldria fer arribar tres missatges que es resumeixen en tres paraules: dignitat, gratitud i unitat.»

Jo volia llegir aquella carta, en tenia moltes ganes perquè volia que el papa se sentís orgullós de mi. Però la mare se la va preparar i em sembla que també la tieta, perquè no ho veia clar.

El dia de la manifestació vaig doblegar la carta i me la vaig posar a la butxaca de l'esquerra dels pantalons. En cap moment vaig dubtar, ni un segon. Quan ja es va fer de nit, vam pujar tots els familiars dels presos dalt de l'escenari. Em van dir que amb els focus no podria veure res, però era mentida. Des de dalt veia a tothom, veia les cares de la gent. Cada dos minuts la mama em preguntava com estava, si em veia amb cor de llegir i jo no parava de repetir-li que sí, que volia llegir la carta del papa. «Si en l'últim moment no pots, digues-ho.»

Llavors sento una veu que diu: «Ara és la Marta Turull qui ens llegirà la carta del seu pare, Jordi Turull, conseller de Presidència». Em van entrar molts nervis, però en cap moment vaig dubtar de què havia de fer. Vaig caminar fins al centre de l'escenari amb la carta a les mans, em tremolaven tant que no l'hauria pogut llegir i la vaig deixar a sobre d'un faristol. Just abans de començar a llegir, vaig mirar la gent de baix i em va passar una cosa molt estranya. Potser pensaràs que estic boja, però hi vaig veure el papa. Ell era allà. M'estava mirant. No em facis dir on era exactament, però vaig notar la seva presència amb la mateixa intensitat com notava els focus o que tot el cos em tremolava. Ell era allà, amb mi, i li vaig llegir la carta que ens havia escrit.

Vaig acabar de llegir la carta i em vaig sentir molt feliç. Sentia l'escalf de la gent. Vaig plegar la carta però no me la vaig tornar a posar a la butxaca. La vaig dur a la mà, ben agafada fins que vam arribar a casa.

Encara la tinc guardada, en una capsa de color turquesa. És un tros de paper molt important per a mi.

Fes-ho amb totes les ganes

Oriol Sànchez

A casa soc l'últim que se'n va a dormir. Acostumo a anar al gimnàs als vespres. Quan arribo, les meves germanes ja han sopat i s'han ficat al llit. També la mare, que des de sempre se'n va a dormir d'hora. Així que sopo sol. A vegades m'estic mirant la tele una estona. Això és una cosa que abans no podia fer, perquè era el pare qui ho feia. Ell acostumava a mirar tertúlies polítiques. Les que li interessaven més eren aquelles en què es deien les coses més dures en contra de l'independentisme. Jo no miro res en concret. Vaig canviant de canal fins que m'entra son. Llavors tanco la porta amb clau, apago tots els llums i me'n vaig al llit. Abans ho feia el pare i ara ho faig jo. Si demà tornés a casa, ho tornaria a fer ell i se'm faria estrany. En una visita a la presó li vaig dir: «Quan surtis ens haurem de tornar a acostumar a viure amb tu», i va riure.

Jo no soc gaire xerraire. El pare tampoc. Ens podem estar al vespre molta estona asseguts al sofà, mirant una pel·li sense dir-nos res.

El seu consell habitual és que m'importin les coses. Entenc per què ho diu, però a mi ja m'importen les coses, però només les que jo considero importants. I, abans, per a mi la política no era una d'aquestes coses. Ara sí. Cada vespre repasso els diaris digitals. M'agrada llegir-ne algun de molt fatxa, a veure què és capaç de dir.

Quan m'anaven malament les coses, el futbol o els estudis, el pare sempre em repetia una mateixa idea: fes el que vulguis, però fes-ho amb totes les ganes. Les coses et poden sortir bé o et poden sortir malament, però sempre cal posar-hi el màxim de tu.

El pare s'enfadava quan em veia jugar al futbol amb desgana. Es queixava de la meva actitud passota, especialment quan anàvem perdent un partit. Li dolia la meva desgana. És un tret de la meva personalitat que intenta corregir contínuament. I jo intento fer-li cas, però reconec que sovint no m'hi acabo de posar a fons. També hi ha moments en què m'agradaria que les coses m'importessin una mica més. Si estic fent un examen i començo a veure que el suspendré, hi perdo interès. Penso que tindré una altra ocasió de fer-ho millor. No passa res. En tot moment m'agrada ser conscient de la meva situació, sense fer-me il·lusions. Potser sí que he de millorar en aquest aspecte.

A la meva edat, el pare era molt diferent de mi. Ell va començar a militar des de molt jove. Algun cop m'havia explicat aventures d'aquella època. Un cop es van penjar a la façana d'El Corte Inglés per desplegar una pancarta. Un altre cop van anar a pintar de color rosa un vaixell de guerra dels Estats Units atracat al port de Barcelona. També van anar a l'aeroport a llançar avions de paper per protestar perquè no hi havia rètols en català. La policia es va posar histèrica per uns simples avions de paper i els van detenir a tots. Un altre cop van anar a canviar rètols a l'estació de Sants. A mi em feia gràcia que fessin aquelles gamberrades. Quan escoltava les aventures en què havia participat el pare, pensava que jo mai seria capaç de fer una cosa similar. Això ho sentia quan era petit. Ara tinc una altra manera de pensar i de sentir. Ara sí que em veig capaç de fer accions de protesta pacífiques i espectaculars. Abans calia fer-les en favor de la llengua i ara cal fer-les perquè a la presó hi ha gent innocent. Ara toca construir un nou país. Ara tinc un motiu per seguir el seu exemple.

Era primera hora del matí. Vaig sortir de casa per anar a l'escola. No se sap de qui va ser la culpa, segurament va ser de tots dos. Potser vaig creuar el pas de vianants en groc i la moto que venia a tota velocitat veia que estava a punt de canviar a verd. Va ser un accident molt bèstia. Em va envestir pel costat i em va trencar la cama i el braç. Jo tenia dotze anys. Vaig estar dos mesos al llit i una temporada anant a l'escola en cadira de rodes.

En el moment de l'accident, un company de classe passava pel carrer i em va veure estirat a terra. Com que sabia on vivia, se'n va anar corrent a casa i va dir per l'intèrfon que m'havien atropellat.

El cop brutal em va fer perdre el coneixement, però em vaig anar despertant i no sabia on era ni què m'havia passat. Veia el cel i tot de gent, però no em podia moure. Estava desconcertat i llavors vaig veure els seus ulls, els del pare. Era una mirada tranquil·la, em va calmar molt, em va curar. Aquell moment el vam viure junts. Va ser per a tots dos una experiència molt forta. Ara mateix, mentre t'explico aquest record, m'adono que sento una necessitat enorme de parlar amb el pare d'aquell dia de l'accident, de tot el que va significar per a mi. Ell i jo ens vam mirar molta estona. Jo sagnava per totes bandes. Ell es devia espantar. Jo repetia «papa, papa, papa».

No recordo gran cosa més. Va arribar una ambulància, em van sedar i em vaig despertar a l'hospital. Ja han passat anys d'aquell dia, però continua sent molt potent la sensació de pau que em va transmetre trobar la cara del pare entre cares de desconeguts.

Per sort, la moto no era de les més grans. Però ser conscient que als dotze anys hauria pogut acabar la meva vida que m'ha fet veure les coses d'una altra manera. Si no tinc un problema molt important, no em poso les piles. Tendeixo a creure que, al final, d'una manera o altra, tot s'acaba arreglant. Les petites coses que em puguin passar em resulten indiferents. Aquest record el tenia força oblidat, però hi he tornat a pensar en els darrers mesos. Què val la pena i què no? Què és important? Què tens i què no tens?

Jo vaig tenir sort, però la rehabilitació no va ser senzilla. Em van dir que necessitaria un psicòleg perquè, com que l'accident havia passat a prop de casa, era possible que em fes por caminar pel mateix lloc. Al final no va fer falta. Des de llavors tinc clar que t'has d'agafar a les coses positives de la vida, que has de lluitar sempre per no deixar-te lligar a les coses negatives. Ara el pare és a la presó. És un cop molt dur per a ell, per a la família, per a mi, però no val la pena mirar-se la vida queixant-se per allò que no es té. Te l'has de mirar apreciant el que tens. Si jo em deixés enfonsar pel fet que el pare és a la presó, no seria bo per a ningú. Ni per als que som fora, ni tampoc per a ell, que encara és dins.

No m'agradaven las manifestacions. Se'n va fer una, el dissabte 11 de novembre, a la tarda. Van demanar a la meva família que pugéssim a l'escenari, que hi anéssim a donar el nostre testimoni, i l'Abril, la petita, va llegir una carta del pare. Jo no vaig voler ser a l'escenari, ni participar en res. No volia ser allà amb la família. Sí que creia que havia d'anar a la manifestació, però vaig preferir fer-ho amb els amics.

Després, la Beta i la Laura em van explicar que aquella mani havia estat important per a elles dues, que havien sentit una sintonia especial. Jo estava en un altre moment. Encara no les coneixia, ni tenia cap desig ni necessitat de conèixer altres fills de presos.

Apagueu els mòbils

Beta Forn

Només feia una setmana que el meu pare havia entrat a la presó amb altres membres del Govern. La tarda del dissabte 11 de novembre hi havia convocada una manifestació i ens havien demanat als familiars dels empresonats que l'encapçaléssim. Jo no volia, de cap manera. L'Anna tampoc, però estava més tranquil·la. La meva germana gran ha estudiat Dret i ella sí que des de sempre ha parlat de política. I jo també, però no volia cap protagonisme. Estava disposada a ajudar en allò que fes falta, però em feia pànic pensar en la possibilitat d'haver de pujar a l'escenari a dir alguna cosa, encara que fos llegida. Així era com em sentia llavors. Malgrat la meva reticència, la mare i els organitzadors van insistir. Ella no volia que la deixéssim sola i tenia clar que, com a filles d'un pres, hi havíem de ser. Així que sí, em vaig posar al capdavant de la manifestació, sostenint una pancarta, i l'Anna també.

Uns dies abans de la manifestació, alguns fills de presos ja havien començat a posar-se en contacte entre ells, però tímidament. Jo, per exemple, vaig enviar alguna sol·licitud d'Instagram, però no vaig insistir. A la Laura encara no la coneixia. La Blanca, la dona del Jordi Turull, se'm va acostar i em va presentar les seves filles, la Laura i la Marta. Ens van col·locar a totes en un lloc molt visible. Els fotògrafs i les càmeres es fixaven en nosaltres. A mi m'havia quedat un mal record del dia de l'aeroport. La situació era incòmoda. Jo no sabia quina cara fer i la Laura tampoc. Havíem d'estar tristes?, contentes?, combatives? Jo estava nerviosa i m'hauria amagat, però era impossible. Era la primera experiència de protagonista en un acte massiu com aquell. Em vaig girar cap a la Laura i li vaig dir: «Com ens hem de veure». Ella va somriure. Ens vam posar a caminar. Hi havia molts crits. «No esteu sols! No esteu sols!» Ens ho deien a nosaltres, als familiars. El sentiment inicial d'incomoditat es va anar transformant amb la contundent i rotunda percepció d'aquella immensa solidaritat. Era una sensació molt potent. Jo mirava la Laura mentre la gent cridava «no esteu sols!» i sentia que jo també li deia el mateix a ella: «No estàs sola», i que ella m'ho deia a mi.

Aquella tarda, enmig d'aquella primera gran manifestació després de la detenció del nostre Govern, vaig començar a ser plenament conscient de la brutalitat de tota la situació. Abans no ho havia pogut assimilar.

La gent ens mirava. Moltes persones s'emocionaven i ploraven quan ens veien passar. És increïble com es contagien els sentiments. La meva germana també hi era, però no la tenia al costat. Qui tenia al costat era la Laura, va ser amb ella que ho vaig compartir. Allà va néixer una amistat diferent de totes les altres.

Es va anar fent fosc. La manifestació va arribar al final del recorregut i ens van dir que pugéssim a l'escenari. A mi em van demanar que llegís, però no vaig voler fer-ho. En algun moment, la gent va començar a encendre els llums dels mòbils i tot el carrer Marina, des del mar fins a la muntanya, es va convertir en un riu immens de punts de llum. Va ser increïble. Crec que no s'havia vist mai res similar en una manifestació. La imatge va fer la volta al món.

La relació que tinc amb la Laura és diferent de la relació amb amics de tota la vida. Segurament jo he canviat i aquesta és una forma nova d'amistat. En aquests sis mesos ens hem hagut de demostrar moltes coses, més de les que he hagut de demostrar a qualsevol amiga.

Un dia, érem al tren per anar a veure els pares, i vaig sentir la necessitat de dir-li: «Us estimo». Em va sortir de dins. Ella em va mirar com estranyada i va respondre: «Ja ho sé». Llavors em vaig sentir molt bé, molt feliç.

Després de la manifestació de l'11 de novembre, els periodistes es van començar a posar en contacte amb els fills dels presos, i per organitzar-nos vam decidir crear un grup de whatsapp. D'entrada hi havia el Bernat, el fill de la Meritxell Borràs. També vam contactar amb l'Oriol Sànchez, encara que ni la Laura ni jo el coneixíem. Ens van proposar anar a Catalunya Ràdio, la tarda del dimecres següent de la manifestació. La Mònica Terribas ens volia fer una entrevista que s'emetria l'endemà.

A través del grup de whatsapp vam acordar quedar una estona abans per fer un cafè. L'Oriol no es presentava i ningú no entenia per què. Més tard ens vam adonar que, de fet, no sabia que havíem quedat al cafè perquè vam fer servir un grup de whatsapp on ell no hi era. Abans d'entrar a la ràdio, jo estava a l'expectativa. Creia que el Bernat i la Laura ja es coneixien, que potser eren amics des de feia temps. Potser s'agradaven. No ho sabia. Em sentia incòmoda i neguitosa. No m'havien entrevistat mai a la ràdio i repassava mentalment les coses que era important que digués. L'Oriol no arribava, de fet no es va presentar. Creia que ens estava deixant plantats, però al final va anar directament a la ràdio. Va arribar just en el moment de començar l'entrevista.

El primer que ens va preguntar la Mònica és si ens coneixíem. Jo vaig respondre que no, i el Bernat i la Laura van dir el mateix, cosa que em va sorprendre. També em va sorprendre veure la Laura molt tranquil·la. Al contrari que jo, ella transmetia pau i claredat. A mi em diuen que soc molt espontània, que és una manera de dir-me que m'accelero i m'encenc amb facilitat.

A l'Oriol no l'entenia. Em va semblar que passava de tot, que s'ho prenia amb molta distància, que s'havia posat una cuirassa per tal de fer veure que allò no l'afectava gaire. Era just el contrari que jo. I no ho entenia. Temps després, ell em va confessar que tenia por de trobar gent una mica friki a la ràdio, que els altres fills de presos seríem militants de les joventuts d'un partit o altre. Ell mateix es va arribar a plantejar en algun moment començar a militar. Ara me l'estimo molt, l'Uri, però el primer dia no va tenir una bona entrada. Me'l mirava i pensava: vinga, nen, posa't les piles, espavila.

Quan vam enllestir l'entrevista a la ràdio, ja era mitja tarda. Ens hauríem pogut dir adeu, però vam anar a fer un altre cafè, aquest cop amb l'Oriol. Vam caminar una estona sense saber ben bé on anar i vam seure en una terrassa. Recordo un detall que em va fer veure que estàvem més units del que pensàvem. Algú va dir que apaguéssim els mòbils. Era una precaució que tots estàvem acostumats a tenir a casa. Quan el meu pare va ser nomenat conseller d'Interior li van dir que podia estar segur que tindria el telèfon punxat, així que sempre deixem els mòbils en una altra habitació. Però això era una cosa que feia a casa, no amb altra gent de la meva edat. Tots ho vam fer i em va sorprendre que a ningú el sorprengués fer-ho. Cap amic meu no ho hauria entès i nosaltres ho fèiem com si fos la cosa més natural del món. Ens acabàvem de conèixer i ja érem una mena de família.

Vam fer-nos algunes confessions, però es feia tard i vam dir que tornaríem a quedar. Després dels nervis i la tensió de la ràdio, quan tornava cap a casa em sentia feliç d'haver conegut persones a qui semblava fàcil explicar què em passava perquè els passava el mateix.

El grup es va reunir dos cops sense mi, perquè els dies que proposaven no m'anaven bé. Però la tercera trobada em vaig forçar a anar-hi. Vam anar a fer una cervesa en un lloc que hi ha al final de la rambla Catalunya, no gaire lluny de la Conselleria d'Economia, on van succeir els fets del 20 de setembre pels quals el pare de l'Uri era a la presó.

Aquell dia sí que vam parlar. Els vaig confessar moltes coses. Ens hi vam estar tota la tarda. Recordo que jo tenia un altre compromís i que el vaig anul·lar. Volia estar més estona amb l'Uri, la Laura i el Bernat. Em sentia tan a gust que no volia marxar.

En la conversa, una frase que apareixia un cop i un altre és «sisplau, això no ho digueu a ningú perquè és el primer cop que ho explico». Tots sentíem la necessitat d'explicar una pila de sentiments, pors, experiències, coses que no podíem dir fora de la família i que, quan ho expliques a la mare, no és el mateix. La família i els amics et fan costat sempre, però hi ha coses en què no poden connectar amb tu.

La mare del Bernat, la Meritxell Borràs, ja no és a la presó. Amb ell ens continuem veient, però no tant com amb l'Uri i la Laura.

Com si fos dolent ser polític

Laura Turull

Et mires l'Oriol i la Beta i són dos extrems. Tenen la mateixa edat, són un any més joves que jo. Ella és impulsiva, tot cor, molt sincera, arrauxada i expressiva. L'Oriol és tímid, li costa ser el primer de parlar, prefereix mirar-s'ho tot, observar i, quan menys t'ho esperes, te la deixa anar.

Un dia parlàvem d'un tema delicat, perquè els nostres pares, el de la Beta i el meu, no el de l'Oriol, que no va tenir mai aquesta opció, van haver de plantejar-se la possibilitat d'anar a la presó o marxar a l'exili. L'Oriol tenia clar que el millor era quedar-se, que ell no seria capaç d'estar-se vint anys fora de Catalunya. Ens ho va dir amb la seva contundència. No parla gaire i quan ho fa és perquè està segur de què vol dir. Res podia ser pitjor que l'exili, claríssim. A mi em va semblar molt convincent.

La Beta no és tan seriosa com l'Oriol. Li encanta fer bromes. A vegades li dic que és una pesada i ella em respon que la fama m'està pujant al cap. Sap que això m'emprenya, perquè sempre he odiat que la gent digui que tal persona és la filla d'algú i resulta que ara m'ho diuen a mi: «Mira, és la filla del Turull». Hi ha qui fa cara de pena i gairebé et dona el condol. Ho he comentat algun cop amb la Beta. Resulta que ara els nostres pares són uns herois, però fins no fa gaire, quan algú s'assabentava que el meu pare era polític, sovint notava una reticència, com si fos dolent ser polític. Els nostres pares eren els responsables de les retallades en sanitat o educació. Fins i tot havia rebut comentaris despectius de professors. Sempre hi havia algú que et venia a dir que tots els polítics eren iguals, que eren uns mentiders. I resulta que ara que són a la presó els consideren uns herois. Aquest canvi l'he notat molt. I em fa ràbia. No sé si és exactament ràbia, potser és incredulitat i desconfiança. Si abans eren mentiders i ara són herois, ves a saber què seran demà. Ells continuen sent les mateixes persones, gent que des de fa molts anys dediquen la vida a la política, perquè els agrada i perquè estimen el seu país.

Un altre dia, la Beta i jo criticàvem la feina dels nostres pares. Que si vivien enganxats a la feina, que si tots els caps de setmana havien d'anar a actes, que si sempre estaven pendents del mòbil... Sobre tot això jo havia tingut mil discussions amb el pare, perquè em semblava que no estava prou pendent de la família. Fins que l'Oriol, que ens escoltava en silenci, ens va tallar. «No és que no ens estimin, és que la seva feina és treballar pel país.» Ho va dir amb tanta seguretat i contundència que la Beta i jo no vam saber què dir. Me'l vaig mirar i vaig pensar: «És el fill del Jordi Sànchez». Tenia tota la raó.

Va deixar caure l'americana

Marta Turull

El dia que es va fer la declaració d'independència al Parlament, quan vaig arribar a casa, la mare i la Laura ploraven d'emoció. Tenien una barreja de sentiments. Estaven contentes i estaven espantades. «Avui és el dia més feliç de la meva vida.» Després ella m'ha dit que ho va dir irònicament. Potser sí. Jo també tenia ganes de plorar perquè estava molt espantada, però no ho vaig fer. Em van abraçar. Volien tranquil·litzar-me. No ho van aconseguir.

No podia estar-me a casa. Necessitava desconnectar de tot allò. Volia oblidar-ho, creure que no estava passant. Necessitava anar a córrer i ho vaig fer. Me'n vaig anar a la torre Malla. És un bosc que hi ha a Parets. No hi ha cases, ni soroll, ni gaire gent. Encara que sigui a la tarda, a la mare no li agrada que hi vagi sola, però aquell dia hi vaig anar. Li vaig dir que anava al gimnàs.

Vaig córrer molta estona, jo sola, entre els arbres. Era final d'octubre, el 27, i ja es feia fosc d'hora.

Quan vaig tornar a casa vaig trucar a unes amigues per anar a sopar. Vaig pujar a l'habitació, em vaig canviar la roba i quan estava a punt de sortir de casa, la porta es va obrir. Era el papa. Va entrar, va passar pel meu costat i ni em va veure. Tenia la mirada perduda. Es va acostar a la mama i li va dir alguna cosa que no vaig entendre. Sí que vaig notar que se li trencava la veu. La mama li va passar la mà per la galta, amb tendresa. Ell va deixar caure l'americana. «Ho sento, ho sento», deia. «Però, per què?», li va preguntar la mama. «Per tot el que us ve ara a sobre.»

Sempre he dit que el papa és un home fred, molt dur emocionalment. S'enfada quan li dic que no sap abraçar, però és veritat. Sap fer bromes, però no sap fer festes. «Ja podries ser més afectuós», li dic algun cop. Però no em vull desviar del que explico. Quan va tornar el papa, jo no sabia què fer. Sentia una opressió enorme al pit. Vaig començar a plorar, però no volia que el papa i la mama em veiessin, perquè la seva situació ja era prou complicada per haver-me de consolar a mi.

Vaig obrir la porta del carrer i les amigues amb les quals havia quedat, la Laia i la Mireia, que són germanes, tot just arribaven en aquell moment. No els vaig haver de dir res, no podia, crec que ni ho vaig intentar. Elles em van abraçar i em vaig sentir millor. No necessitava que em diguessin res, només que m'abracessin.

Després d'una estona em van dir que valia més que tornés a entrar a casa. Em vaig girar, vaig veure que havia deixat la porta oberta i els vaig fer cas.

El papa era assegut al sofà. «Vine, seu», em va dir. Em va demanar que no m'assegués a la butaca, sinó al seu costat. Encara no estava del tot serè. Em va agafar la mà. Em va mirar als ulls i els tenia inflats. «Has de ser forta, sé que ho ets.»

Mentre em deia això, m'estrenyia la mà molt fort, tant que em feia mal, però no n'era conscient. No li vaig fer notar que em feia mal. Potser a vegades soc massa sensible, però quan s'ha d'aguantar, aguanto.

Tot això va passar un divendres. El dimecres següent era el dia de Tots Sants. L'endemà, el papa havia d'anar a Madrid i es va estar tota la tarda a casa, com qualsevol altre diumenge. Jo era a la meva habitació i vaig baixar per demanar-li alguna cosa. Me'l vaig trobar estirat al sofà, s'havia quedat adormit mirant la seva pel·lícula favorita, *La gran evasión*. Em va commoure. Vaig pensar: «Té tan clar que no ha fet res, que el dia abans que el tanquin està tan tranquil mirant la tele».

Em vaig acostar sense fer soroll per no despertar-lo. No hi havia ningú més al menjador, perquè la Laura i la mama també feien la migdiada. Tothom estava esgotat. Li vaig mirar la cara i hi vaig veure una gran serenitat. No sé com podia estar tan relaxat després de tot el que havíem viscut els últims dies. La seva cara em va transmetre molta pau i les llàgrimes em van omplir els ulls. No les podia contenir, però no volia per res del món que ell es despertés. Llavors em vaig estirar al sofà, al seu costat, i li vaig estrènyer la mà. Plorant, em vaig quedar adormida. Va passar molta estona. Ell em va despertar que ja era fosc. «Peque, que d'aquí a una estona em venen a buscar.»

Vam sopar tots quatre. Estàvem rient quan va sonar el timbre i la seva cara va canviar de cop. Tenia la maleta preparada. Ens va abraçar a totes. A mi em va abraçar molt fort, com no ho havia fet mai, molta estona, crec que no em deixava anar perquè no volia que el veiés. Segur que plorava.

Mentre m'abraçava li vaig dir: «Papa, passi el que passi, em sento molt orgullosa de tu».

Havia pensat això molts cops abans, però mai no l'hi havia dit. Hi ha un motiu. A casa hem crescut des de sempre amb la política. A diferència de la meva germana, a mi no m'interessa gaire. Per a mi, la política era allò que feia que el papa no fos a casa, al meu costat. Ell mai no sap dir que no quan es tracta de la política. I sempre havia sentit que és injust tenir un papa així. Però aquell dia no, aquell dia em sentia molt orgullosa que fos un polític i necessitava que ell ho sabés.

Abans de marxar li vaig dir: «Fins demà, papa, espero que vinguis a sopar», però estava segura que no tornaria.

Ell va somriure.

L'endemà, la meva germana em va dir si volia quedar-me a casa, però vaig preferir anar a classe. Necessitava els meus amics. Al migdia vaig trucar a la mama, que era a Madrid, i encara no se sabia res del papa. Vaig anar a dinar amb la Judit, la meva millor amiga, i vaig rebre un whatsapp de la mama. «La Laura et vindrà a buscar.»

Quan vaig pujar al cotxe, la meva germana tampoc no sabia res. Vam arribar a casa i al cap d'una estona vaig veure que tenia un missatge d'una amiga, la Bruna, que em deia només: «Em tens aquí per tot». Em vaig quedar glaçada. I poca estona després va sonar el mòbil. Era la mama. Ni la Laura ni jo volíem respondre. «Saps què vol dir, això?», vaig dir a la Laura. «No vol dir res! Despenja!», em va cridar.

Quan ho vaig fer, la mama no era capaç de parlar. Sentia molt enrenou de fons. Sentia periodistes. «Se l'han quedat, oi, mama?» «No vull que estigueu soles», ens va dir finalment.

Jo estava segura que els empresonarien a tots. No sé com és que la gent no ho veia. Per mi tot era molt clar.

Al cotxe, amb la Laura, no paràvem de dir

insults, els més grossos que podíem imaginar. Vam anar a sopar a casa d'uns amics del papa i la mama que viuen a Granollers. Allà no vaig plorar gens. Estava molt enrabiada. Quan va començar la cassolada vaig sortir a la terrassa i, a més de picar, cridava amb totes les meves forces: «Visca Catalunya!».

Jo no volia anar a veure el papa a la presó. Era divendres, l'havien empresonat el dia abans i dissabte havíem de fer sis hores de cotxe. Com acostumem a fer amb la colla, després de menjar alguna cosa al Bar de la Plaça, vam anar tots al parc de la Linera, a seure per allà, entre els arbres, per xerrar de qualsevol cosa, però jo no estava bé. Volia estar sola. Sense dir res, em vaig aixecar i vaig marxar a l'altra banda del parc, per estirar-me sobre la gespa i respirar. Necessitava un espai obert, mirar el cel immens.

La nit era clara. Tenia una trucada perduda que no vaig respondre. Vaig tancar els ulls i vaig notar que algú s'estirava al meu costat. Era la Júlia, una amiga del poble, una noia molt empàtica, molt sensible. Va fer alguna cosa en el seu mòbil i va començar a sonar una cançó de Txarango. Ens vam agafar les mans i ens va anar sortint la lletra:

Quan tot s'enlaira
toco els somnis de puntetes,
junts podem arribar més lluny,
més lluny.
Un llarg viatge,
il·lusions dins les maletes,
junts podem arribar més lluny,
més lluny.

Ho cantàvem plorant, les mans agafades, sense mirar-nos. Quan va acabar vam estar en silenci. Al final ella em va dir una cosa que em va impactar: «Sé que ets molt forta i sé que pel teu pare ho seràs encara més».

La vaig mirar, li vaig fer un somriure. La veia borrosa perquè els ulls se m'omplien de llàgrimes. «Gràcies per tot.» «Això és el que fan els amics.»

L'endemà vaig anar a veure el papa a la presó per primer cop. Només vam parlar quaranta minuts. Tenia la mirada erràtica. Ens mirava ara l'una, ara l'altra, canviava de tema sobtadament, li costava centrar-se. Parlàvem i, de cop, la seva veu es va tallar. Ell ni se'n va adonar, seguia parlant a l'auricular. Vaig picar el vidre i l'hi vaig fer notar. Va somriure i, vocalitzant molt, va dir: «T'estimo».

Costa demanar ajuda

Anna Forn

De seguida vaig veure que la feina a la cerveseria m'ajudava, que m'anava bé treballar fent un esforç físic, fent de cambrera. A vegades és dur, però és una feina agraïda. Quan la gent beu es relaxa i m'ho passo bé. La majoria dels companys són de la meva edat, i alguns també són estudiants internacionals, que es guanyen unes lliures anant a fer hores. El local és una cerveseria bavaresa i m'he de posar el vestit típic, amb davantal, que es diu dirndl. És el tradicional de Baviera i Àustria. La majoria dels clients solen ser turistes de fora d'Anglaterra o gent que viu a Londres però que no és anglesa, com jo. Sovint s'hi fan celebracions, festes d'aniversari, comiats de solters. Sí que hi pots trobar el típic client solitari que s'està tota la tarda recolzat a la barra perquè no té on anar, però no és una feina depriment. Jo serveixo les taules i disposo de flexibilitat en els horaris. Quan he de fer exàmens puc quedar-me a casa estudiant. Normalment treballo un dia a la setmana, de les quatre a les onze de la nit, més un dia del cap de setmana, des les sis fins a la matinada. Una de les persones que he conegut a la cerveseria és el Dominik. Ja t'explicaré qui és.

Potser vaig ser mandrosa quan vaig buscar feina i em vaig acontentar amb la primera cosa que vaig trobar. Una companya de pis treballava en aquest lloc i va ser fàcil que em contractessin. Molts clients s'adonen que no soc anglesa i em pregunten d'on soc. Abans, quan m'ho preguntaven, deia que era de Barcelona perquè tothom sap on és i m'estalviava dir que era espanyola, que no me'n sento, o dir que era catalana i haver d'explicar què era Catalunya. Però des del setembre, cada cop que he dit que era de Barcelona, m'han respost: «Ah, Catalan...». Ara tothom sap què vol dir ser català. Ha estat un canvi sorprenent.

De sobte, qualsevol persona mínimament informada coneix Catalunya i m'agrada constatar-ho, encara que no acostumo a parlar de política mentre treballo. Fins i tot quan em pregunten procuro no entretenir-me amb explicacions. Però alguns clients volen parlar, tot i no saber si soc o no soc independentista, i molt menys si el meu pare és a la presó. Algun cop sí que he explicat que hi ha polítics a la presó i encara no m'he trobat ningú que no s'hagi dut les mans al cap. La gent s'esgarrifa. Realment no entenen com en un país europeu democràtic s'empresoni un govern legítim per complir el seu programa electoral. És igual si entenen o no les nostres aspiracions independentistes.

Aquests mesos vivint a Londres, lluny de Barcelona, no ha estat fàcil trobar la manera de no pensar en el meu pare per poder-me concentrar en els estudis. Quan repasso els moments viscuts, potser un dels més durs va ser veure les imatges de l'arribada del pare a l'aeroport, amb aquella gent escridassant-lo. Allò em va deixar tocada. Era dolorós no poder comunicar-me amb la Beta o la mare. Em sentia enfonsada i no podia entendre per què no m'havien explicat què havia passat. Potser elles estaven molt atabalades, potser no em volien preocupar. Però viscut des de la distància, era inevitable que jo sentís que no pensaven en mi, i això era gairebé tan dolorós com no saber què li passaria al pare. Em sentia dolguda.

Amb aquest sentiment vaig arribar a Madrid, en un vol directe des de Londres, poc després que tanquessin el pare. Vaig arribar sola a l'aeroport, ningú m'hi esperava. Vaig pujar a un taxi i vaig dir el nom d'un hotel. D'alguna manera era com tornar a casa, perquè m'hi esperaven la Beta i la mare. Em sentia neguitosa. No sabia com reaccionaria a totes les situacions que havia d'encarar, la més dura era visitar el meu pare en una presó. Per molt que t'hi esforcis, hi ha situacions per a les quals és impossible preparar-te.

La mare diu que em costa demanar ajuda. No em considero una persona que necessiti gaire companyia, ni que estiguin molt per mi. Sovint prefereixo fer veure que no em passa res, que estic millor del que realment estic i no explicar segons què per no preocupar els altres. Aquesta manera de ser i els dies de la detenció del pare havien fet que tingués una sensació de desconnexió amb la Beta i la mare. Quan vaig arribar a l'hotel va ser com si em retrobés amb elles al cap dels anys. Era com si haguéssim envellit totes tres. Recordo que van obrir la porta i ja estaven en pijama. Elles havien arribat feia poc en tren i estaven fetes pols. Era com tornar a ser al menjador de casa, però en un lloc desconegut i fred. Ens vam abraçar i ens vam posar totes tres al llit per parlar hores. Crec que és la conversa més íntima que hem tingut mai. Ens vam explicar què havíem sentit aquells dies, què ens havia fet patir, què ens feia por, a quins indicis ens podíem agafar per no desesperar-nos. Em van explicar moltes coses i les vaig entendre perfectament. Vaig comprendre que no em poguessin dir més. Ens ho vam perdonar tot. Vam plorar i vam riure. Ho necessitava tant... Les necessitava tant...

Vam dir-nos que era essencial mantenir-nos unides. Jo ho necessitava especialment, perquè elles dues ja es veien cada dia. La mare em preguntava un cop i un altre si estava bé a Londres, i jo li repetia que sí, però no era veritat, i ella s'ho imaginava. Li vaig explicar què m'havia passat a classe i li va saber greu, potser va sentir que m'havia desatès. Però ara tot allò ja no era important.

Va ser un moment molt maco. Érem com

tres nenes, com tres amigues fent una festa de pijames. Es va crear una complicitat estranya i màgica entre totes tres.

Recordo especialment que la mare ens va voler donar les gràcies. «Sou el meu suport», ens va dir. A mi em va sorprendre que ho fes. Gairebé em vaig sentir ofesa i li vaig respondre mig enfadada alguna cosa com: «És clar que som el teu suport, som la teva família». A ella li va fer entre gràcia i pena la meva resposta i m'ho ha recordat algunes vegades. No sé per què li va quedar tan gravada aquella reacció meva. Crec que una cosa que per a mi és molt evident, que he d'ajudar en tot la meva mare, ella encara no ho havia assumit fins aquell moment, aquella nit en un hotel de Madrid, quan es va fer molt patent que ella ens necessitava. I jo ho sabia perfectament.

L'endemà vam anar en cotxe de Madrid a la presó. Portàvem bosses amb roba pel pare. Era dissabte i des de dijous que duia la mateixa. Necessitava camises, pantalons, jaqueta, mudes i llibres. Portàvem de tot, però la meitat de les coses no les vam poder entrar.

Pel camí em fixava en el paisatge. Se'm feia antipàtic. Era sec, àrid, pla. Cada cop que hi torno em sorprèn la buidor enorme que envolta la presó. Ja sé que és un paisatge habitual a Castella, però veure'l i ser-hi em produeix una tristesa immensa.

Els primers cops que el vaig anar a veure el vaig trobar inquiet, enfadat, amb ganes de sortir de la presó. El pare volia que passessin coses políticament que els permetessin tenir alguna manera d'alterar la situació. Però en les últimes visites l'he vist més relaxat i tranquil. Ha fet una evolució. Crec que ha anat assumint que encara s'hi pot estar temps. De tots els presos polítics, ell és un dels quatre que fa més mesos que hi és i sovint anima els altres. S'animen mútuament, quan poden coincidir.

El pare és una persona afectuosa. Té un caràcter càlid, és simpàtic, té sentit de l'humor i això no ho ha perdut dins la presó. És estrany, però a vegades tinc la sensació que no sembla que ser tancat allà dins li suposi un esforç especial. A mi em costa, entrar en aquell edifici. Ser-hi una hora o dues em pesa. Quan hi arribo potser em sento serena i amb forces, però un cop dins descobreixo que qualsevol cosa m'afecta més del que creia. El que em costa especialment és tota l'artificiositat que implica la visita. Tens un temps limitat per parlar i qualsevol cosa que puguis dir en aquestes condicions no té res de natural. Una part essencial de la manera de relacionar-te amb les persones que estimes és l'espontaneïtat, i allà dins res és espontani. Tot resulta forçat. Has d'entrar amb una llista mental de coses que vols dir, perquè no et deixen dur ni un paper. I vas dient les coses, una darrere de l'altra, atropelladament, sense acabar d'explicar res bé. És una sensació desagradable. Potser m'hi acabaré acostumant, i em preocupa que aquesta artificiositat transformi la relació que tinc amb el pare. Un dia no passa res, però quan aquest tracte rígid i fred es perllonga en el temps, a la força la relació canvia. I potser arribarà un dia que serà impossible recuperar la nostra manera de fer com era abans. No sé com serà la nostra relació quan tot això acabi.

Quan surto de la presó, repasso les coses que he dit i penso: «Quina merda de conversa». En el dia a dia, tens temps d'observar l'altre, de conviure i compartir experiències. Hi ha coses que no es poden explicar, que s'han de veure, que s'han de notar. Sí que quan som a la presó ens diem molt que ens trobem a faltar i que ens estimem, però a casa això no necessites dir-ho, no cal, perquè ja ho sents dia a dia.

Un pres que sortia

Oriol Sànchez

Cadascú té els seus petits rituals, coses que potser vas fer el primer dia que vas entrar a la presó i que continues fent cada cop que hi tornes. Els funcionaris et criden per fer els tràmits i hi ha un moment que cal passar per un pati. A mi m'agrada creuar-lo sol. Encara que hi vagi amb la mare i les germanes, prefereixo estar al meu aire, aïllat de tot, pensatiu. No dic res a ningú.

Després del pati et fan anar a una sala gran on hi ha moltes portes que condueixen a les sales. Totes són igual: petites, funcionals, amb un quadre penjat a la paret i una porta que dona a un lavabo.

Jo mai he vist el pare darrere d'un vidre. Ell no ho vol. Diu que fer el viatge per només quaranta minuts és llençar els diners, així que només el veig un cop al mes, durant dues hores. Però m'agradaria anar un dia a veure'l, encara que fos amb vidre. I voldria anar-hi sol.

Un dels últims cops que l'he visitat, el pare estava especialment content perquè s'acabava el càstig. Ha durat un mes i li suposava haver-se d'estar tancat a la cel·la pràcticament tot el dia. Sense pati. Només en sortia per dinar, sopar i fer trucades. El motiu de la sanció és que durant la campanya electoral es va enregistrar una de les seves trucades telefòniques i la seva veu va ser difosa en un míting. Quan va decidir fer la gravació, el jutge encara no li havia prohibit participar en la campanya electoral, però sí quan es va difondre.

Amb els funcionaris, en general, el pare s'hi entén bé. Durant un temps va tenir un company de cel·la que era holandès i tenia una filla que vivia a Catalunya i que a les eleccions del 21 de desembre havia votat la candidatura on el pare era el segon. Ens explica anècdotes de la presó. Ens diu que és en un mòdul conflictiu i que ha estat testimoni d'algunes baralles i inclús d'un apunyalament que l'han impressionat. Però ho diu sense donar-hi gaire importància i no sents que li pugui passar res. Tot això ho dic perquè cada cop veig el pare més còmode, i també a mi, quan hi vaig, tot em resulta més familiar i proper. No m'agrada sentir això. No m'agrada que tot acabi sent normal, encara que és inevitable.

Quan hi penso em sento trist, perquè m'adono que el pare ha interioritzat que pot estar-se a la presó una temporada llarga. De la manera com ens parla, té assumit que s'hi estarà anys. Dos, tres, quatre... No ho sé, però alguns. Això em revolta. No ho podem acceptar, però al mateix temps hem de trobar la manera d'afrontar-ho amb serenitat. Quan anem a veure'l, procurem no parlar gaire d'això. Les converses solen ser sobre qualsevol cosa, com si estiguéssim a casa sopant.

Una visita especial va ser la que vam fer al desembre. Abans de trobar-nos, el pare va anar a l'economat de la presó i va comprar galetes, dònuts, xocolatines. Hi havia de tot. Allò va ser el nostre dinar de Nadal. Estava content per la victòria en les eleccions, encara que això pogués significar que el jutge o la fiscalia tindrien una actitud més dura amb els presos.

Qualsevol informació que apareix m'afecta. El dia que la fiscalia va demanar llibertat per al

Quim Forn i no per al meu pare, jo tenia un examen. Tenia ganes de plorar, però vaig voler entrar a l'aula. No em vaig poder concentrar. Tampoc ho vaig voler dir al professor. Potser hauria fet alguna cosa o potser no. Tant m'era. Tenia ganes d'acabar ràpidament i marxar. Vaig treure un tres, em sembla. Temps després vaig fer la recuperació i em va anar bé.

Quan em passen coses així, el gimnàs em serveix de teràpia. Abans que estar-me a casa plorant, prefereixo agafar la meva música i anar a aixecar peses. Cansar-me físicament em relaxa. La música també m'ajuda a no pensar.

M'agrada l'hàbit d'anar-hi cada dia. El pare sempre em parla de la importància de ser constant. Jo ho soc fent gimnàstica. No agradava gaire que en fes i ara resulta que és ell qui en fa a la presó. Potser allà, al seu gimnàs, mentre en fa, pensa en mi. En una visita li vaig preguntar quines màquines feia. Era una conversa que hauria pogut tenir amb un amic i que mai hauria cregut que mantindria amb ell. Em va respondre que hi anava sense cap idea concreta, més per distreure's que per fer res en concret. Segur que li va bé fer exercici. Abans estava grassonet, ara està més prim. No el veig gens malament, encara que no li faria cap nosa guanyar una mica de musculatura fent peses. Quan et sents millor físicament, també et sents millor mentalment. Potser insistiré en aquest tema quan el torni a veure.

Últimament parlem molt de política. En una de les darreres visites en què hi havia els avis i un tiet, vam estar ell i jo tres quarts d'hora discutint sobre la formació del Govern. Mai havíem parlat tanta estona sobre el tema. A ell el va sorprendre que m'hi interessés tant, però no ens posàvem d'acord. Jo li explicava que creia que calia formar-lo de manera urgent i ell es mostrava més cautelós. Em sembla que li va agradar veure que jo tenia una opinió formada sobre molts aspectes. Em va dir que jo estava molt radical. No em va ofendre gens. Era veritat. Ho vaig acceptar. Em va agradar que m'ho fes notar.

Abans ningú deia «t'estimo» i ara ens ho diem molt sovint, no només quan anem a veure el pare, sinó quan som per casa. Cada cop que l'anem a veure, en el moment d'acomiadar-nos, ens diu que potser serà l'última visita. Però ell sap que no és cert. El comiat és el moment més dur. Els familiars es queden a la sala i s'emporten el presoner. Llavors es fa un silenci. Ningú gosa tornar a dir res. Potser els que ens quedem ens fem una abraçada. Llavors s'obre la porta, passes per passadissos, tornes a creuar el pati, reculls les coses que has deixat a la taquilla i ja tornes a ser fora.

Malgrat que és dur, de les visites sempre en surto content. Veig que ell està bé o, com a mínim, ho fa veure. Surts amb la tristesa de saber que tu marxes i podràs seguir fent la vida normal i ell no, que la seva vida és dins d'aquell edifici. Però gaudeixo les hores que estic amb ell. A vegades es creen situacions de complicitat amb familiars de presos comuns. Això és bonic. Sents que hi ha una experiència dura que ens uneix i parles amb gent amb la qual no coincidiries mai. Un cop vam veure un pres que sortia. Quedava en llibertat i els familiars dels altres presos vam aplaudir. Va ser emocionant. Un moment de solidaritat i d'unió. Hi havia gent que plorava en veure sortir de la presó algú que no coneixia de res. Tothom va sentir que, en part, també en sortia la persona que cadascú estimava.

No he vist mai plorar el meu pare. Crec que no ho vol fer davant nostre. Potser quan està sol amb la mare sí que plora. Amb els seus fills, no. Jo, quan estic sol, ploro. A vegades llegeixo algun article que m'emociona, quan entenc que el pare és a la presó perquè creu que cal lluitar per fer que la nostra societat sigui millor, que tot el que estem passant té una finalitat. Si estem segurs del nostre objectiu i sabem que val la pena, el dolor que sentim no ens sembla tan intens. Tot té més sentit quan entens que lluites per una bona causa. El meu pare i els altres presos polítics estan fent història. Al principi no n'era gaire conscient. Però ara jo mateix em veig en un diari o una tele internacional i entenc que tot això que estem vivint arriba més lluny del que a vegades ens pot semblar.

Seguiràs plorant

Laura Turull

La primera visita que vaig fer al meu pare va ser el 4 de novembre. Feia només dos dies que l'havien empresonat i ens van avisar poques hores abans, així que vam anar-hi en cotxe. Recordo que era un dia molt lleig, plovia, tot era fred i gris.

Vaig veure aquell edifici pla, recte i no parava de preguntar-me com hem arribat fins aquí. Només feia un mes del referèndum. Anàvem passant portes i més portes de ferro i, quan finalment vaig veure el pare a l'altra banda del vidre, ens vam posar a riure. Rèiem totes tres, la mare, la Marta i jo, i també ell. Al nostre costat hi havia un familiar d'un pres comú, algú tot tatuat i sense dents que devia flipar.

El pare ens va explicar com havia declarat davant del jutge i tot ens semblava una pel·lícula. En algun moment, ell es va emocionar i va abaixar la mirada. Fa mal tenir-lo a un pam i no poder-lo abraçar.

Unes setmanes després, en la primera trobada vis-a-vis, sí que el vaig poder abraçar, però aquella tornada a casa, en tren, va ser molt trista. Els viatges de tornada sempre són més silenciosos que les anades. Tothom està capficat i esgotat. Tothom vol estar només amb els seus pensaments. Jo em sentia abatuda, però no volia entristir més la mare, així que em vaig allunyar. Vaig anar a un lloc del tren on no hi havia ningú, entre dos vagons. En un racó on no em veiés gaire la gent que passava.

Vaig trucar un amic i vaig plorar molt. Em va escoltar. Jo em desfogava dient pestes de tot, de la justícia, de la política, del país. «Ets molt forta», em va dir. Ho recordo perfectament. «Ser forta no vol dir que no puguis plorar. Seguiràs plorant però seguiràs lluitant.»

Em va ajudar tant, escoltar aquestes paraules...

No havia tornat a parlar amb aquest amic d'aquell dia i, fa poc, em va confessar que després de parlar amb mi, quan vam penjar, es va estar molta estona plorant. És curiós que un dels amics que m'ajuda més no sigui independentista. El seu pare viu a Madrid. Té mitja família aquí i l'altra mitja allí. En les últimes eleccions em va dir que no volia votar cap partit independentista, i no ho va fer, però en va trobar un que malgrat no ser independentista estava a favor de deixar en llibertat els presos.

Es diu Ignasi i també estudia Dret. Anem a la mateixa classe. Ens vam conèixer el primer de carrera i quedem per estudiar. Parlem molt de política. Jo mai no he sentit animadversió cap a Espanya. No he sigut mai radical. I no m'agrada que des de la política es parli en nom del poble de Catalunya, perquè hi ha gent que vota coses molt diferents. Quan parlo amb l'Ignasi l'escolto molt, m'interessa saber què pensa i quins són els seus sentiments, perquè ell s'ha preocupat molt dels meus.

Ideològicament he canviat. Fins i tot m'avergonyeixo de coses que pensava abans. Alguns amics més radicals consideren que soc ingènua, però penso que es poden fer moltes coses amb partits que no són independentistes. Necessitem ser més. Agraeixo molt a la gent que no és sobiranista que defensi els presos.

En canvi, em costa entendre com alguns polítics companys del meu pare al Parlament des de fa anys no són capaços de tenir cap gest. Com es deuen sentir veient un amic a la presó i no podent mostrar ni públicament ni privadament cap mena de solidaritat amb els familiars?

Sovint he acompanyat el pare al Parlament i l'he vist fer bromes amb polítics socialistes o de qualsevol altre partit. Alguns me'ls ha presentat, són persones amb les quals manté des de fa anys una relació cordial i, de sobte, aquestes mateixes persones procuren no passar pel teu costat, eviten la teva mirada. Caminant pel carrer m'he trobat parlamentaris que han canviat de vorera. Això dol. M'agradaria quedar amb algun d'ells per anar a fer un cafè, no per discutir, sinó per escoltar-lo, per donar-li l'oportunitat de dir-me què sent, perquè no ho entenc. Els entenc des del punt de vista polític, però no personal.

Quan el pare va ser candidat a president de la Generalitat, va perdre la primera votació. Això era un dijous, el dia que ens vam acomiadar. El divendres es va presentar davant del jutge i ja no el van deixar tornar. El dissabte hi havia la segona sessió d'investidura i vaig anar amb la meva germana i la mare al Parlament. De sobte, més de la meitat dels diputats es van posar drets i van començar a aplaudir. Aplaudien no només diputats independentistes. Era una manera de reconèixer el dolor de les famílies dels polítics empresonats.

Recordo que me'ls mirava i, en moltes mirades, hi veia tendresa. Altres aplaudien i els veies afectats, potser pel fet de no haver votat un candidat que sabien que l'endemà seria dut a la presó.

Altres diputats, en canvi, no es van moure. No es van aixecar ni es van girar. Tampoc necessitava que ens aplaudissin. No és això. Però em va doldre que consideressin que no calia fer cap gest d'empatia amb familiars de companys de feina empresonats injustament. Van continuar asseguts, fent veure que no passava res. Estic segura que per a ells també va ser dolorós no mostrar gens d'humanitat. Ells, com jo, recordarem aquest moment.

Necessito que fem un pacte

Anna Forn

Vaig decidir anar a estudiar a Londres al maig del 2017, uns mesos abans del referèndum, i ja vaig témer que potser no era un bon moment, que passarien coses a Catalunya i que me les perdria. No em preocupava el pare, perquè en aquell moment no era conseller d'Interior, sinó que em sentia implicada amb el país i volia ser part de tot el que passés.

Vaig ser a Barcelona l'1 d'octubre, per anar a votar, però des de llavors, cada cop que torno a casa, sento una tristesa enorme. Tinc la sensació que la gent que viu a Catalunya hi està molt més acostumada que jo, perquè cada dia passen coses i tot es va acumulant. Però quan aterres venint d'un altre lloc on això no es viu, notes de sobte tota la tensió, la preocupació, l'angoixa i la ràbia. De cop i volta et tornes a submergir en un sentiment col·lectiu d'inquietud.

No va ser gens fàcil decidir tornar a Londres després de veure el pare a la presó. Des de llavors no he vist la mare relaxada en cap moment. Encara que emocionalment sigui forta i estable, arrossega un estrès enorme per totes les gestions que ha hagut de fer des del primer moment. Aquesta tensió fa que a vegades tot es converteixi en un problema. Veure-la atabalada em va fer entendre que no podia seguir fent el màster, que m'havia de quedar a Barcelona. La Beta l'ajudava, però jo no feia res i em sentia culpable.

No sabia com havia de prendre aquella decisió. Em sentia sola. No ho podia discutir amb la mare perquè no volia afegir-li problemes. A més, sabia què em diria, que marxés. I amb el pare menys. D'entrada, logísticament era gairebé impossible en cinc minuts de trucada telefònica. Però de cap manera volia sumar-li una preocupació i la tristesa de saber que, a més de la seva vida, es truncava la meva.

Necessitava algú amb qui parlar i el vaig trobar en un amic del pare. Em va treure pressió de sobre. Vam analitzar les diferents opcions i em va ajudar a veure que no m'havia de precipitar prenent una decisió en calent. Em va recomanar que deixés passar uns dies i que les coses s'anessin posant a lloc, entenent que a partir de llavors inevitablement viuria en una situació estranya. També em va dir que, un cop hagués pres la decisió, em sentiria millor i que, a mesura que passés el temps, tindria més clar que tornar a Londres havia estat la decisió correcta. I va resultar cert.

Amb la Beta sempre ens hem entès molt bé, i de seguida va assumir que, abans de marxar, necessitava que féssim un pacte. Li vaig demanar que encara que fos lluny, sempre em digués la veritat sobre com estava la nostra mare, que si la veia malament que m'ho digués. Quan em va dir que sí, que ho faria, em vaig sentir més tranquil·la. Sense aquest compromís no hauria pogut pujar a l'avió.

Malgrat tot, la tornada a Londres va ser dura. Era gener i em vaig sentir sense força. No confiava en mi. No em sentia segura de la meva capacitat de concentrar-me. Encara ara sento que no estic al cent per cent, ni molt menys. Potser ho va empitjorar el fet que jo mateixa em muntés una pel·lícula. M'havia convençut que tot aniria bé, que m'hauria adaptat a la situació i que tornaria amb més forces. Però de seguida vaig adonar-me que em costava. Em passava sobretot als vespres. Tot ho veia fosc i negatiu. No podia dormir i una nit vaig patir un atac d'angoixa. No m'havia passat mai i em vaig preocupar.

Em feien por les nits i volia cansar-me per adormir-me de seguida un cop em fiqués al llit. Em llevava d'hora, netejava, m'estava fins tard parlant amb les companyes de pis, tot per caure rendida. Clarament, necessitava ajuda i em van donar el telèfon d'una especialista. Em va explicar que allò era normal, que no m'estava tornant boja, i em va aconsellar que als vespres no estigués sola.

Al final, tornar a les classes no va resultar tan dur. Tenia clar que era essencial forçar-me a ferho. Recordo que el primer dia m'ho vaig passar especialment bé. No acostumo a participar gaire perquè soc vergonyosa, però en aquella classe sí que ho vaig fer i això em va fer sentir molt millor.

No sé com es diu

Beta Forn

No fa gaire vam anar a la presó amb la tieta i els cosins petits, l'Elma i el Ricard, que són bessons i tenen nou anys. La visita va ser especial. Aquests mesos, molta gent ha visitat el meu pare per motius polítics o d'amistat, però encara no havia pogut estar amb nens. Ell és molt criaturer i volia tornar a veure'l jugar amb nens.

La petita és molt sentida, molt sensible, i estava supernerviosa. Deia que li feia mal la panxa. Anàvem amb la família Turull, i una imatge bonica va ser com la nena prenia la mà de la Marta Turull i entraven juntes a la presó. Jo anava darrere, amb la tieta, i vaig veure com s'emocionava.

Vam creuar passadissos i portes de ferro que es tanquen darrere teu abans que s'obrin les que tens davant. Després s'arriba a una sala on ja pots veure els presos. És un moment intens. Un funcionari va dir els cognoms del meu pare,

Forn i Chiariello, i ens va assignar una sala. Als Turull els va tocar just la del davant.

La Blanca, la mare de la Laura i la Marta, va preguntar a un funcionari si els donava permís per anar a saludar el meu pare i el funcionari li va respondre que sí, i mentrestant nosaltres vam anar a abraçar el Jordi Turull. Diu la Laura que es va fixar en el funcionari i que el va veure tocat.

No sé com es diu aquest home i potser és millor no saber-ho ni descriure'l, perquè encara tindria problemes, però és un funcionari que cada cop que torno recorda el meu nom i el diu. És un gest que sembla banal, però que allà dins té molta importància. Aquest funcionari ens diu coses per animar-nos, com ara «aquí de llorar nada». Com que a la sala érem colla i faltava una cadira, el funcionari va demanar al nen si el volia acompanyar per anar-ne a buscar una. Va ser un petit regal que li va fer. Tots l'hi vam agrair. Agraeixes molt trobar aquesta empatia, aquest tracte personal. No cal que tots els funcionaris siguin així. Només que n'hi hagi un ja és molt.

Ahir vaig anar a una manifestació a la plaça de Sant Jaume perquè feia sis mesos que el pare i l'Oriol Junqueras estaven empresonats. Em van demanar que pugés a l'escenari a llegir una carta. Recordo la primera manifestació, que també em van demanar que hi pugés i jo no acabava d'entendre la utilitat de fer-ho. No entenia com podia ajudar en res. Ara sí que ho entenc perfectament. I ho sento. Pujar a l'escenari és necessari pel meu pare i pels altres presos, és necessari per la gent que es manifesta i també per mi. Necessito treure el que porto dins. Per això participo en aquest llibre. Ahir, a l'escenari, més que nerviosa, estava enfadada. Sentia ràbia. Estem patint una injustícia enorme. En la primera manifestació sentia tristesa. Ara aquell abatiment s'ha convertit en emocions més actives, més enfora. Tinc ganes de prendre un micròfon i dir coses. No em vull limitar a llegir una carta. Vull dir què penso, què sento, què exigeixo.

A l'escenari hi havia polítics de diversos partits. Uns van parlar i altres no. Em va molestar que alguns no ho fessin. No sé què va passar. Mirava la gent que omplia la plaça i hi veia molta tensió. No semblava que tinguessin ganes d'escoltar els que parlàvem des de l'escenari. La gent està cremada. Cridaven «Puigdemont president» i, sobretot, «República!».

Els meus sentiments són diferents. Jo també vull República, però potser cal trobar el moment. Potser ara és important que surtin els presos. Potser si el meu pare no fos a la presó també tindria pressa.

Estic aprenent a viure l'empresonament del meu pare d'una altra manera, com també veig que ell ha après a viure'l d'una forma més tranquil·la i sàvia. Ell sap que s'hi estarà temps. Abans, quan no ho sabíem, patíem més, ell i nosaltres. Ara estic segura que no el deixaran en llibertat, com a mínim, fins que es faci el judici. Això ja no em preocupa. I tenir aquesta sensació se'm fa estrany. No es tracta d'haver llançat la tovallola, perquè hi ha moltes coses a fer i el meu pare confia en totes les accions que podem fer des de fora. No m'agraden les paraules «resignació» ni «normalitat». No ho veig així, ni ho sento així. Ell està fort, serè, amb ganes de fer coses. Ens anima a anar als mitjans de comunicació, a viatjar a Europa, a mantenir-nos actives. Potser hi ha un sentiment de culpa constant, com si no féssim prou. Tot això que dic és contradictori.

L'altre dia se m'acudia aquest cas per intentar entendre què sento. Suposem que jo morís aquesta tarda. Què passaria amb els meus amics? No m'agradaria que continuessin fent una vida normal i m'oblidessin. Però, al mateix temps, sí que voldria que tornessin a fer la seva vida. Crec que el pare ha de tenir un sentiment similar. Ell vol que continuem vivint com abans, però no és tan fàcil.

Formatge fresc tipus iogurt

Laura Turull

No fa gaire vaig quedar amb la Beta per parlar d'aquest llibre. Ens vam posar a llegir juntes unes pàgines en què ella explica l'arribada del seu pare a l'aeroport, i vaig veure que l'afectava. També jo, que estava bastant animada, vaig acabar tocada. Aquesta era una situació nova per nosaltres, perquè les dues som força optimistes i, quan una no està bé, l'altra l'anima. En canvi, aquell dia totes dues estàvem tristes.

Llavors va trucar l'Oriol per saber com ens anava amb el llibre. Va veure que estàvem apagades i al cap d'una estona es va presentar a casa de la Beta amb una bossa plena de croissants, per berenar. Ens va venir a rescatar. També va portar un pot enorme amb una mena de formatge fresc tipus iogurt i se'l va començar a menjar amb trossos de pernil. La Beta i jo ens ho miràvem. Quin fàstic. Però ell seguia tan tranquil. Quan ens vam haver acabat els croissants, vam agafar dues culleres i ens vam posar a menjar del mateix pot, fins que ens el vam acabar.

Va ser un moment bonic. Sovint quedem tots tres per pensar què més podem fer pels pares, perquè creure que no hi podem fer res ha de ser una sensació frustrant. L'Oriol va venir i ens va animar. Ens vam sentir a gust tots tres junts. Ell no venia especialment animat, però ens va transmetre la seva força.

Em preocupen els avis. Poca gent pensa en ells. Tothom ens cuida a nosaltres, els fills, o les parelles, però no he vist gaires periodistes que es preguntin què senten les mares i els pares dels presos. Alguns ja són grans. Si és difícil viatjar amb nens petits, imagina amb avis de setanta o vuitanta anys. Ells no poden fer l'esforç d'anar i tornar en un mateix dia.

A mi m'entendreix veure com procuren no donar més feina. Per ells el temps no compta de la mateixa manera. Jo estic segura que veuré el meu pare lliure, segura. Però potser els meus avis no senten el mateix. A més, les persones d'aquesta edat han viscut coses del nostre país molt doloroses, coses que la majoria de nosaltres només hem estudiat en els llibres. La seva preocupació ha de ser més gran, més feridora. I, malgrat tot, procuren fer bona cara. No es queixen, però el seu patiment ha de ser immens. Jo visito molt sovint els meus avis i els animo. Els dic que tot anirà bé i ells somriuen. Em diuen que potser sí, que segurament tinc raó.

Què deu sentir, la iaia Dolors?

I l'avi Mingo?

Estic segura que el meu pare es va dedicar a la política perquè, entre altres coses, a casa sempre va veure com els avis col·laboraven amb associacions d'àmbit local, participaven en un menjador social, ajudaven a persones necessitades. No sé si la justícia espanyola creu que pot obligar el meu pare a renunciar a alguna cosa, però estic segura que, d'una manera o altra, ell sempre treballarà per a la gent, perquè és el que ha vist fer a casa. No me l'imagino deixant la política.

Ens cantava una cançó

Anna Forn

Una de les persones que ens han fet patir més és l'abuelita, la mare del pare. Li diem així perquè sempre ens ha parlat castellà. És molt sentida i una mica exagerada. Quan me'n vaig anar a fer l'Erasmus, es va acomiadar com si no ens haguéssim de tornar a veure mai més. Quan soc fora la trobo a faltar, i parlar-hi per telèfon no em serveix de res. Ella és oberta, afectuosa i dona ànims a tothom. Mai li he sentit dir res desagradable de ningú, i té mèrit perquè és molt xerraire. Si anem a berenar a una cafeteria, sempre acaba conversant amb el cambrer. La seva gran frase és: «¿Y tú, de dónde eres?».

Ella va néixer a l'Equador, en una família acomodada. Quan era jove va acompanyar els seus pares en un llarg viatge per Europa i van instal·lar-se tres mesos a Barcelona, que va ser quan va conèixer l'avi. Ella va tornar a l'Equador i l'avi va continuar la relació per carta. Es devien estimar molt, perquè va deixar la família per venir a casar-se amb l'avi, que en aquella època treballava en un banc. A Barcelona l'abuelita va haver d'aprendre a dur una casa, perquè mai havia cuinat ni fet un llit. Van tenir tres fills: el pare i les meves tietes.

L'abuelita sempre ha tingut molta vitalitat. Quan als estius ens instal·làvem a Cadaqués, venia a jugar a la platja amb la meva germana i altres nens. Li encanta el sol. Fèiem competicions o danses i ella s'hi apuntava. Entràvem al mar i jugàvem a capbussar-nos, a passar per entre les cames dels altres. En algun moment del dia ens cantava una cançó del seu país. La recordo perfectament, encara que no sé ben bé què pot voler dir: «Sapito sapón, ponete calzón, no puedo señor, soy muy barrigón». Tots els nens la cantàvem cridant fent una rotllana, i en dir barrigón fèiem un salt per submergir-nos.

Una cosa que m'he perdut és quan l'abuelita va anar a la presó. No va ser una decisió fàcil de prendre a la família. Quan vam entendre que la cosa anava per llarg, l'hi van dur. Ella va reaccionar molt bé. Va estar contenta d'haver-ho fet. En el moment de sortir sí que es va sentir més trista. També li passa quan parlen per telèfon. Però una cosa no treu l'altra i ella va estar contenta d'anar-hi.

Admiro el seu coratge. Sempre s'ho pren tot amb bon humor. Tot el que ha anat vivint al llarg dels anys ho ha sabut encarar amb agraïment. M'agradaria assemblar-me a ella. Voldria tenir aquesta actitud seva de no preocupar-se gens ni mica de què poden pensar els altres. A Londres he conegut un noi i no ho volia dir a casa, però ella insistia. No parava de preguntar-me: «¿Pero no hay un chico? Anna, yo a tu edad era mucho más espontánea, cuando me gustaba uno lo decía sin problema.» «Ay, abuelita, pues sí que hay uno.»

Lector d'empremtes dactilars

Beta Forn

Un dels dies més durs que he viscut en aquests mesos llargs que fa que el meu pare ha estat tancat, va ser quan vam dur l'abuelita a veure'l. Dubtàvem si dur-la a la presó perquè és una persona gran, no està bé de salut i es desorienta amb facilitat. Ens preocupava que fer-la passar per aquest tràngol pogués afectar el seu estat d'ànim i que això la debilités. Però ella va voler anar-hi. Va voler encarar el repte.

El camí se li va fer molt llarg. Hi vam anar en tren i el viatge se li va fer etern. A més, quan vam arribar a Atocha, ella ja creia que érem a la presó i li vam haver d'explicar que encara calia pujar a un taxi i fer una altra hora de viatge per carretera. Tot això la va fer estar neguitosa i, un cop a la presó, es va enfadar amb els funcionaris. Jo li deia: «Abu, es que ellos no tienen la culpa», però quan s'atabala tot la fa estar de mal humor. Per acabar-ho de complicar, a l'entrada et fan posar el dit en un lector d'empremtes dactilars, i es veu que els dits de la gent gran no es llegeixen bé.

Vam començar a passar portes i més portes, i ella s'enfadava cada cop més. No entenia res i protestava per tot. Finalment, ens van deixar en una sala i, quan va entrar el meu pare, se li van il·luminar els ulls. No podia dir res. Devia ser el xoc. Estava tan emocionada que no li sortien les paraules i es va posar a plorar. Jo em vaig desfer de seguida. Sempre he sigut molt empàtica. Si plora qualsevol, jo també ploro. Imagina't veure plorar l'abuelita. Feta pols, em vaig girar i vaig veure que el meu pare estava aguantant-se les llàgrimes, que no podia i que va entrar en un petit lavabo que hi ha, a buscar paper de vàter i a refer-se. No volia que el veiéssim plorar. Jo no l'havia vist plorar mai, fins aquell dia.

La meva tieta també plorava i la meva mare. Va ser ella qui ens va asserenar una mica a tots. Va treure un tema i va començar a parlar. Ella també estava afectada però no callava. Parlava i parlava, i a poc a poc ens vam refer. En aquella primera visita, l'abuelita va estar tota l'estona com absent. En una segona visita ja va estar millor, més serena i afectuosa. Fins i tot el meu pare la va fer riure diversos cops.

Com que no podíem tornar a Barcelona el mateix dia, vam haver de fer nit en un hotel dels voltants de Madrid. Em tocava compartir l'habitació amb la meva mare, però necessitava estar sola. Vaig sortir al passadís i vaig seure. Al cap d'una estona vaig trucar a un amic. Necessitava descarregar la tensió de tot el dia. De tant en tant, arribava algú i em trobava allà, a terra, agafada al mòbil i plorant.

Volia tocar-li la fibra

Oriol Sànchez

Fins ara havia anat a veure el pare cada mes, amb la mare i les dues germanes petites. Mai l'havia vist a través d'un vidre, en un locutori, i tenia curiositat. A més, volia anar jo sol a Madrid, al meu aire, que fóssim només el pare i jo, parlant. Al tren anava pensant què li volia dir, fins on volia dur la nostra conversa, i em va semblar que intentaria parlar amb ell d'una altra manera. No volia parlar només de coses pràctiques, dels meus estudis i de com m'anava tot. Tampoc volia dedicar els quaranta minuts a parlar de la situació política o de què li havien dit els advocats. Jo volia tocar-li la fibra, volia que parléssim més des del cor. Volia conèixer els seus sentiments. Per què no? Només hi seríem ell i jo. Però, com es parla de sentiments? No sé si és una cosa que es pot planificar. Ja que estaríem sols, vaig pensar que li podria parlar d'un moment en què també vam estar només ell i jo, que va ser quan vaig patir l'accident. Em va semblar una bona idea. Li parlaria d'aquell dia i segur que s'establiria una bona complicitat.

A l'estació d'Atocha em vaig trobar la Txell, la companya del Cuixart, que havia quedat amb una activista madrilenya que l'ajuda i la du a ella i al fill petit a la presó en el seu cotxe. Jo m'hi vaig afegir.

La Txell em va aconsellar que a l'hora d'entrar a la sala dels locutoris vigilés, perquè allò és un campi qui pugui i n'hi ha on els auriculars no funcionen gaire bé. Li vaig fer cas i quan va venir el pare el vaig veure molt tranquil. Quan l'anem a veure, tenim establert que la primera part de la conversa la dediquem a dir-nos les coses pràctiques, les gestions que ell ens demana que fem o que li fem saber les coses que algú ens ha dit, així la resta del temps podem parlar tranquils.

Així ho vam fer i jo buscava el moment d'entrar en el seu estat d'ànim. Li vaig preguntar diversos cops com estava i com se sentia i em va respondre que bé, que avorrit, que ja tenia ganes de sortir.

«Però de veritat que estàs bé, papa?». «Sí. Aquí

dins, com que estàs sol, si caus ningú t'aixecarà, així que no pots caure.»

Em va agradar aquest pensament. És molt cert. Jo penso el mateix estant fora. És millor no deprimir-se. Has de procurar no obsessionar-te amb les parts negatives de la teva vida, perquè el principal perjudicat en seràs tu mateix.

Vaig notar que el pare s'havia endurit. I també que no estava tan alegre com altres cops, quan hi havia anat amb la família. En algun moment se'ns van posar els ulls vidriosos, però cap dels dos no va plorar. També va haver-hi un moment que em va renyar. Era el primer cop que estava als locutoris i ho anava mirant tot. Ell els fa servir cada setmana, però per a mi allò era nou. A més, al locutori del costat hi havia una noia gairebé de la meva mateixa edat amb un fill molt petit i que segurament havia anat a visitar el pare del nen. Estava pensant tot això quan el pare es va mig emprenyar.

«Si tant t'interessa, ves-te'n a l'altre locutori i estigues amb ells», va dir-me.

Al pare el molesta que aparti els ulls quan parlem. Vol que el miri a la cara, però jo em distrec fàcilment. Em passa amb tothom. Una cosa que li va agradar que li digués va ser que començaré a treballar. Fa temps que m'ho diu, però la mare no té tanta pressa com ell. Ara necessito diners per fer un viatge i treballaré.

Anàvem parlant d'això i d'allò i jo tenia al cap aquell moment tan especial de l'accident, però no trobava la manera de treure el tema. Vull dir, que no el pots deixar anar així com així. Abans ens havíem de posar més en sintonia, però no ho vam aconseguir.

El pare i jo sempre hem tingut una bona relació, però de sentiments no en parlem gaire. Suposo que els sentiments ja es noten, no? Si no parlàvem de sentiments quan era fora de la presó, fer-ho ara quedaria artificial i suposo que aquestes coses no es poden forçar.

Total, que al final no li vaig parlar de l'accident, però vaig estar molt bé amb ell. Vaig sortir feliç. Tinc ganes de tornar-hi aviat.

Calma't

Marta Turull

Uns dies després que el papa entrés a la presó per segon cop, era a classe de llatí. Vaig demanar al professor si podia sortir una estona, i ell, només veure'm la cara, em va dir que sí. Em va preguntar si volia que m'acompanyés i li vaig dir que no calia, que només necessitava una mica d'espai.

Vaig sortir al passadís i vaig seure a l'escala. Aquell matí havia sentit dir a un company de classe que ja passen prou desgràcies al món i que als presos polítics se'ls dona massa importància. Aquell comentari em va afectar, més del que em va semblar en un primer moment.

Vaig anar al lavabo i, abans d'entrar, vaig veure que una noia d'un curs més alt em mirava.

Em vaig rentar la cara i em vaig estar una estona mirant-me al mirall. Estava feta una merda. Em mirava als ulls i seguia plorant. Calma't, em repetia a mi mateixa, i m'anava calmant.

Una bona estona després, quan vaig sortir del lavabo, aquella noia més gran encara m'esperava i se'm va acostar. «Em dic Laia. Necessitava dir-te que no esteu sols, que lluitarem perquè el teu pare torni a casa.»

Un noi de segon també va venir i em va demanar si em podia abraçar. Era una mica estrany, però li vaig dir que sí. Va ser una abraçada vergonyosa, com freda. No és fàcil per a un noi demanar una cosa així. Trobo que es va arriscar molt. Devia sentir una gran necessitat de fer aquell gest, cosa que em va semblar molt maca.

Ens vam perdre dues classes, perquè la Judit també va sortir de classe i va venir a seure al meu costat. A mi em tocava fer una exposició oral de cultura científica, però el professor em va dir que ja la faria un altre dia. Vaig insistir a la Judit que tornés a classe, però va preferir quedar-se amb mi. Em va anar bé estar amb ella. Sempre diu que és molt poc sensible, que no plora mai. I és cert. Aquell dia la vaig veure plorar per primer cop. I no ho ha tornat a fer. M'agrada que la meva millor amiga sigui tan resistent. Va bé tenir gent dura de part teva, però aquell dia vaig agrair-li molt que ploréssim juntes.

La nit abans del debat d'investidura, quan el papa va estar a punt de ser president, van venir a sopar a casa uns amics dels pares. Jo estava molt cansada, ja eren més de les dotze i me'n volia anar a dormir perquè l'endemà tenia un examen. Sabia que després del debat, el papa marxaria a Madrid en cotxe per presentar-se davant del jutge i que el tornarien a tancar a la presó.

Com cada nit, vaig anar a fer un petó al papa, l'hi vaig fer i, a cau d'orella, em va preguntar si estava bé. Li vaig dir que sí, però vaig mentir.

Crec que se'm va quedar mirant, però jo me'n vaig anar cap a les escales. En vaig pujar dues o tres i em vaig aturar per girar-me. Havia de fer una cosa. Llavors me'l vaig mirar, allà, amb els seus amics, rient, parlant i jugant amb una copa de vi negre. Era un moment senzill i especial, una imatge que volia conservar. Sabia que passaria temps abans de tornar a veure-la.

Vaig entrar a l'habitació. Sentia que necessitava algú. Vaig agafar el mòbil i vaig trucar a una amiga de classe, la Laura. Estava molt nerviosa. Li vaig dir que l'endemà no podria presentar-me a l'examen. Ella em va ajudar a respirar i va dir-me una cosa que considero important: «Marta, saps que si tornen a tancar el teu pare, sortiré al carrer tantes vegades com faci falta».

Un dia vam anar a veure el pare i ens va dir una frase que el devia preocupar molt. Ens la va dir tot just després d'abraçar-nos, quan vam entrar a la sala. Encara no havia acabat de seure que la va deixar anar. «Tinc la sensació que la gent deixarà de pensar en nosaltres.»

Ens va mirar, va creuar les cames i es va dur una mà a la cara.

Em va impressionar aquella afirmació, i setmanes després no parava de venir-me al cap una vegada i una altra. I cada cop em dolia més sentir que el pare estava convençut que seria oblidat. I si era veritat? I si la gent es cansava de tot i començava a creure que no hi havia res a fer? Què passaria amb el meu pare? Era una possibilitat que em torturava fins que un dia, el 5 de maig, vaig entendre que això no passaria.

Va ser el meu aniversari i dues amigues, la Carlota i la Laura, em van regalar entrades per anar juntes a un concert a Barcelona d'un grup que m'agrada molt, Búhos.

Va ser un concert fantàstic. Vam estar tota l'estona ballant i, cap al final del concert, els del grup van dir que dedicaven aquella cançó a tots i cada un dels presos polítics i exiliats. Van anomenar totes les presons on estaven tancats i els ulls se'm van omplir de llàgrimes.

De sobte, no sé d'on els devien treure, van aparèixer cartells de «llibertat presos polítics» i tothom va començar a cridar «Llibertat! Llibertat! Llibertat!». Tothom cridava amb ràbia, amb tristesa, amb impotència, però també amb molta convicció. Van cridar durant molta estona. Continuaven. No paraven. «Llibertat! Llibertat!».

Jo cridava i me'ls mirava a tots. Mirava cap a totes bandes. No m'ho podia creure. Cridàvem amb tota aquella força. Papa, em vaig dir, donaria el que fos per tal que poguessis ser aquí, amb mi. Així podries veure que ni jo ni totes aquestes persones no defallirem fins a tenir-vos a tots a casa.

Va ser un moment ple d'esperança. Moments així fan que segueixi lluitant un dia, i un altre, i un altre, i un altre. Cada dia, papa.

Quan faci divuit anys

Laura Turull

Un moment important per a mi d'aquests darrers mesos no te'l puc explicar en detall. Va ser després de la declaració d'independència del Parlament, el 27 d'octubre. La meva germana i jo érem en un lloc, amb el papa i la mama. Ens van enviar a dormir juntes però no podíem, perquè la Marta estava molt espantada. Jo, que soc més gran, no em podia desfer davant d'ella i l'abraçava. Sentir que tremolava em va donar força. Li vaig fer una promesa: «Marta, aquesta gent no ens amargarà la vida».

Per recordar aquell moment, ens vam fer una selfie.

Les meves paraules la van tranquil·litzar i es va adormir. A mi em va costar una mica més.

No hem tornat a parlar d'aquell moment, però per a mi és un dels més importants de la meva vida. I fins ara hem pogut mantenir el compromís.

Fa poc vaig decidir escriure una carta al meu pare. No ho havia fet fins ara i la Beta sempre m'animava. «Fes-ho, que t'anirà bé», em deia. Em resistia a escriure-li, perquè era com si assumís com un fet normal que no puc comunicar-m'hi de cap altra manera.

En les primeres línies que he escrit he plorat molt. Però línia a línia, li he anat dient les coses que li volia dir. A més, dins del sobre hi he ficat una postal que vaig comprar fa unes setmanes, a Ginebra. S'hi veu un llac, un castell, els Alps. Estic segura que la penjarà a la cel·la.

Tenir el pare a la presó per motius polítics fa que estiguis tot el dia pendent de les notícies. És una sensació angoixant, i sovint m'he de dir a mi mateixa que em calmi. És com si cada cop que un polític fes una declaració això pogués afectar la situació del pare, i sovint m'enfado. Però no es pot viure així. De fet, l'única por persistent que tinc és que la gent acabi oblidant que el pare i altres polítics catalans són a la presó. I d'altres a l'exili. Sé que això no passarà, però si tot s'allarga, si la tensió baixa i tot es va normalitzant, potser sí que la vida continuarà sense ells.

Sempre havia volgut pujar al Pedraforca i aquest estiu, finalment, ho vaig fer amb el pare.

Pujar grimpant pel Verdet va ser divertit, però a mesura que ascendíem el cel s'anava enfosquint i es va desencadenar una d'aquelles tempestes d'estiu totalment imprevistes, amb llamps i trons. Plovia molt i el pare no va poder baixar tan ràpid com jo perquè es va haver de quedar a ajudar unes persones que tenien problemes.

No fa gaire, el dia del meu aniversari, el pare em va fer un regal senzill i especial: va penjar la foto que ens vam fer al cim del Pedraforca.

Abans que el tanquessin a la presó, un vespre vam quedar per tornar a casa junts en tren. En pujar al vagó vaig trobar-hi la Núria, la meva millor amiga, i vam seure tots tres. Ell estava pensatiu. Sospito que havia parlat amb advocats. Jo ho veia i tenia ganes de saber què li passava. Quan m'havia trucat per quedar ja li havia notat un to greu i estava preocupada, però la Núria m'anava explicant coses. Fins que vam arribar a Parets i, en baixar del tren, vam poder estar finalment sols.

Des de l'estació a casa hi ha un bon tros, és

un passeig de mitja hora. Ja era fosc i vam caminar sense presses. Va ser una conversa molt sentida. És el primer cop que l'explico a algú. Crec que ell buscava les paraules i la manera per acomiadar-se. Parlava ell i jo me l'escoltava. Notava que si intentava dir-li alguna cosa em posaria a plorar. «No estaré amb vosaltres quan la Marta faci divuit anys», em va dir. Havia assumit que el tornarien a tancar a la presó i em demanava que em cuidés de la família. «Cuida la mama i ajuda la Peque.»

Ell patia per nosaltres i jo anava assumint la gravetat de la situació. Potser és la conversa més seriosa i sincera que he tingut amb el pare. Tots dos vam sentir-nos l'un al costat de l'altre, que ens ajudaríem sempre. Vaig sentir un amor molt gran per ell, pel pare, vaig entendre com me l'estimava. Caminàvem tornant a casa i assumíem que segurament era l'últim cop que podíem estar sols, ell i jo.

Em costa molt explicar-t'ho.

Cada vespre, el pare tancava amb clau el pany de la porta del carrer. Ara no ho fa ell. Habitualment és la mama que ho fa, o jo, alguns dies.

Quan ho fa ella i sento el soroll, tinc una impressió molt real i intensa que el papa acaba d'arribar a casa. Des que vaig néixer que he viscut en el mateix lloc i, des de sempre, al vespre he sentit com el papa arribava, sovint tard, i tancava la porta amb dues voltes. És un so que identifico poderosament amb la sensació agradable de tenir-lo finalment a casa.

Però encara que la porta la tanqui jo, el catacrac metàl·lic del pany no deixa de sobtar-me i de fer-me notar la seva presència. Em passa cada dia i m'agrada que em passi. És un so que em fa sentir que el tinc al costat. I sentiré cada dia aquest so, fins que torni a ser ell qui giri la clau.

Comença a enviar currículums

Anna Forn

«Ho sento, però no puc estar més simpàtica», li vaig deixar anar a la mare quan sortíem de la presó. Hi havíem anat en cotxe amb dues persones més, la Blanca i la Meritxell, parelles del Jordi Turull i el Josep Rull. Però jo no estava de bon humor i a elles encara no les coneixia. Jo visc a Londres i només vinc de tant en tant. No tinc amb altres familiars el mateix tracte que la mare o la Beta. Entenc que per a elles ja siguin part de la família, però per a mi no és tan fàcil i no em trobava còmoda compartint una situació tan íntima.

Pocs dies després, també amb altres familiars de presos, vam fer un viatge a Estrasburg i no sabia si em passaria el mateix. Potser sí. Sincerament, no tenia gaire interès a intentar evitar-ho.

A Estrasburg se celebren cada dia desenes d'actes, i no sé si el fet d'anar-hi a fer-ne un més podia servir de gran cosa. Pensava tot això i, al mateix temps, també entenia que és diferent tenir poca presència de no tenir-ne gens. Encara que sigui de manera testimonial, és important ser-hi, perquè el contrari és desaparèixer, oblidar el tema, i això no ens ho podem permetre.

No vaig fer cap esforç per estar simpàtica, però sí que em vaig sentir cada cop una mica millor. Vaig parlar força amb la Montse, la germana de la Dolors Bassa. Ella deu tenir una edat similar a la de la mare, i tot i així ens vam entendre bé. Em va explicar coses de l'altra presó, on també hi és la Carme Forcadell. Mentre l'escoltava notava que sí, que hi ha alguna cosa que m'uneix a tots els altres familiars i que entre nosaltres resulta més fàcil explicar-nos intimitats o situacions poc agradables que no explicaries a gent que no ha viscut una experiència similar.

Hi ha cops que parles i connectes de forma especial. A mi a vegades encara em costa, però crec que ara m'atreveixo a parlar més dels meus sentiments, com ho faig ara.

A Londres, el Dominik treballa a la cerveseria. Ell és suís, fa un màster i també ha de decidir què vol fer amb la seva vida, si es queda a Londres o no. A mi em passa igual. El seu pare el truca contínuament per saber si ja ha començat a enviar currículums, i el meu m'ho recorda cada cop que el visito. El Dominik va començar a interessar-se per la situació de Catalunya i ens vam anar fent amics. No fa gaire vaig anar a Suïssa, a conèixer els seus pares, i ell va venir a Barcelona, encara que no el vaig dur a la presó. Els meus tiets van dir al pare que l'havien vist molt bé.

No sé què faré els pròxims mesos. Sempre havia somniat que marxaria a viure a un altre continent, però de moment no ho faré. No em vull allunyar tant del pare.

Quan miro la meva vida, veig que no em puc queixar de res, que tot em va força bé, però no puc ser feliç. Em preocupa el pare i em preocupa més la mare, la Laura. De moment he pogut acabar els exàmens i la vida segueix. Ara que t'explico aquests sentiments, veient que es convertiran en un llibre, sé que, quan es publiqui, el pare encara serà a la presó i suposo que el rebrà i el llegirà i estarà trist. No ho estiguis, pare. La vida continua. Continuem lluitant, dia a dia. T'estimo.

No em vaig voler girar

Marta Turull

El dia a dia no és igual sense ell. Segurament que el papa no ho sap perquè no l'hi he dit mai, però quan jo sé que és per casa, els caps de setmana que no té cap obligació política, procuro no quedar amb els amics per poder estar amb ell. No sé si ell ho nota, però jo ho faig.

Quan l'anem a visitar, en el primer instant que ens veiem, la seva cara expressa molta felicitat, la més gran que li he vist. És un instant preciós en què tot desapareix, tot sembla oblidat.

Un cop a sala, la mama i la Laura s'asseuen davant del papa però jo, més que parlar o escoltar allò que ens explica, necessito tenir-lo al costat i recolzar-m'hi. Ell em passa el braç per l'espatlla i m'agafa fort. Algun cop hem estat així les dues hores. No em cal gran cosa més. Necessito sentir la seva proximitat.

En una de les últimes visites, quan es va acabar el temps, se'l van endur, va passar a l'altra banda d'una porta amb barrots i la porta es va tancar. Jo notava que, des de la distància, ell em mirava, però no em vaig voler girar. Em sentia molt xafada i volia evitar que l'última imatge fos el papa entre els barrots.

Més tard, ell m'ho va fer notar. Soc conscient que vaig ser egoista per no girar-me. No tornar-li la mirada devia ser dolorós. Devia tornar a la cel·la amb una sensació agredolça i potser no podia entendre els meus motius, però jo no volia tornar a plorar en el moment d'acomiadar-nos.

Ara que hi torno a pensar, no sé si vaig fer bé. A vegades necessitem agafar-nos a un gest petit. O potser no. Potser si el papa fos aquí em diria que tampoc té tanta importància, i somriuria.

Una cosa que ens agrada fer al papa i a mi és seure al sofà amb guies de viatge i imaginar on podem anar. Sobre el prestatge de la tele en tenim moltes, diverses d'Itàlia. Quina obsessió té amb la Toscana. No sé quants cops hi hem anat... Quatre?

Un lloc on volem anar és a Islàndia. Ell no hi ha estat mai i es veu que és un lloc especial, diferent de qualsevol altre. Hi hem d'anar. Quan surti viatjarem a Islàndia per celebrar que torna a ser lliure. El nostre somni és veure junts una aurora boreal.

Sigues conseqüent

Oriol Sànchez

Els primers cops que el pare i els altres presos van parlar davant del jutge espanyol, els advocats els van aconsellar que adoptessin una actitud prudent, que no fessin servir arguments polítics sinó jurídics, encara que sense renunciar a les seves idees independentistes. Però aquesta manera de fer conciliadora no els va servir de res i van continuar en presó preventiva, així que van canviar la manera de defensar-se. Va ser un canvi que em va agradar, encara que impliqués que el seu alliberament es podia complicar. Crec que els presos no han d'acceptar la seva situació, l'han de denunciar de manera contundent. Han de dir directament al jutge espanyol què pensen sobre aquesta injustícia brutal. Tot el que està fent la justícia espanyola és ple de contradiccions i de trampes legals. Fan anar la llei com els dona la gana i els empresonats no tenen eines legals per defensar-se.

Un dia el pare es va enfadar amb mi per aquest motiu. Jo era a casa quan va trucar i va dir a la mare alguna cosa que la va deixar preocupada. Havia acceptat l'intent que el nomenessin president de la Generalitat. La mare tenia dubtes i jo li vaig demanar que em passés el telèfon. Li vaig dir directament al pare que sí, que intentés ser president, que l'únic camí possible era seguir endavant. Li vaig donar tot el meu suport. Li vaig dir que si havíem arribat fins on érem no podíem tirar enrere, que no frenés, que seguís lluitant.

La mare no s'ho va prendre gaire bé, ni el pare tampoc. Però jo necessitava dir-ho. Sabia que ell no es faria enrere, que trobaria la millor manera per continuar lluitant per la llibertat, però necessitava que sabés que jo li feia costat en tot, que jo formava part de la seva lluita. Això sentia jo i encara ho sento. Potser soc egoista perquè és ell qui és a la presó i no jo. L'única cosa que no ens podran prendre mai és la dignitat. Li vaig dir al pare: «Sigues conseqüent amb el que t'ha portat fins aquí». Ara ell i jo compartim més idees. Ara la seva lluita de tota la vida és també la meva.

Ens agrada anar juntes a la presó

Laura Turull

A l'hivern surts de la presó després d'estar un parell d'hores i t'adones que la llum ha canviat, que tot és de color taronja i aviat es començarà a fer fosc. La presó és un lloc silenciós, un lloc construït per causar dolor. Veure-hi nens petits provoca una sensació desconcertant, i més quan els veus jugant, divertits.

Amb la Beta ens agrada anar juntes a la presó. És diferent anar-hi amb una amiga que amb les mares i els tiets. És com fer un viatge, pot estar bé fer-lo amb la família, però quan viatges amb una amiga pots ser més tu.

Un dels últims viatges que he fet a la presó amb la Beta hem coincidit amb els fills petits de l'Oriol Junqueras, el Lluc i la Joana, de cinc i tres anys, i amb els del Josep Rull, el Bernat i el Roger, de nou i tres. En una urbanització no gaire lluny de la presó hi ha un restaurant on solem quedar i el dinar va ser un caos. Els nens jugaven, corrien d'una banda a l'altra, mentre les mares intentaven organitzar-se parlant de coses pràctiques.

A la Beta i a mi ens va tocar fer de cangurs. Després de la visita, un cop al tren, vam estar-nos molta estona amb els nens, dibuixant i pintant. És diferent anar a la presó com a filla que quan hi vas amb nens petits i has d'estar per ells. Alguns ja són prou grans per entendre que els pares són a la presó, però als més petits els han explicat que els pares no són a casa per motius de feina, cosa que no deixa de ser certa, perquè els presos continuen fent política i la continuaran fent, digui el que digui un jutge o una sentència.

En aquesta visita a la presó vam riure molt perquè els nens no paraven de jugar. Un moment preciós va ser quan tots els nens van anar corrent a abraçar els seus pares.

Però l'anècdota que més em va fer pensar es va produir quan estàvem arribant en cotxe a la presó. Surts de l'autopista, creues una mena d'urbanització on hi ha el restaurant, puges un petit turó i, després d'un revolt, apareix sobtadament el centre penitenciari. El veus no gaire lluny, amb els pavellons alineats i una torre de vigilància pintada amb franges de colors, tot envoltat d'un paisatge buit.

El Roger, en veure la presó, va saltar d'alegria i va cridar tot satisfet: «Mira quina torre més xula, és on treballa el pare».

Cronologia

14 de juliol El president Carles Puigdemont remodela el Govern. Joaquim Forn assumeix la Conselleria d'Interior i Jordi Turull la de Presidència.

17 d'agost Atemptats jihadistes de Barcelona i Cambrils. L'eficaç resposta dels Mossos d'Esquadra és lloada arreu.

20 de setembre La policia espanyola escorcolla diverses Conselleries per impedir el Referèndum. Milers de manifestants s'apleguen davant la Conselleria d'Economia.

1 d'octubre Referèndum per preguntar als catalans: 'Voleu que Catalunya sigui un estat independent en forma de República?'. Des de primera hora fins al migdia, la policia espanyola carrega violentament contra persones que van a votar. Malgrat això, la participació és del 43%, amb un 90% de vots a favor del Sí.

3 d'octubre Vaga general. El Rei d'Espanya exigeix l'aplicació de la força de l'Estat sense escoltar el clam d'una part majoritària dels catalans.

10 d'octubre El president Puigdemont suspèn la Declaració d'Independència.

16 d'octubre La justícia espanyola decreta l'empresonament de Jordi Sànchez i Jordi Cuixart, presidents de l'Assemblea Nacional Catalana i d'Òmnium Cultural, acusats de sedició.

27 d'octubre El Parlament declara la Independència de Catalunya, constituint la República Catalana. El president del Govern espanyol anuncia l'aplicació de l'article 155 de la Constitució. Tot i no tenir-ne la facultat segons el mateix article, assumeix les funcions del Govern català, dissol il·legalment el Parlament de Catalunya i convoca eleccions.

30 d'octubre El president Puigdemont fa una roda de premsa a Brussel·les amb altres consellers, entre ells Joaquim Forn, per reclamar l'ajuda de la justícia europea. Joaquim Forn torna a Barcelona.

2 de novembre El vicepresident de la Generalitat, Oriol Junqueras i la resta de consellers que han decidit no marxar a l'exili, entre

	ells Jordi Turull i Joaquim Forn, compareixen davant de la justícia espanyola i són enviats a la presó.
11 de novembre	Gran manifestació a Barcelona per la llibertat dels presos polítics, pel retorn dels exiliats i en suport als familiars.
4 de desembre	La justícia espanyola deixa en llibertat els consellers, entre ells Jordi Turull, i manté empresonats el vicepresident i Joaquim Forn, així com Jordi Sànchez i Jordi Cuixart.
5 de desembre	Inici de la campanya electoral.
26 de desembre	Els partits independentistes aconsegueixen majoria absoluta al Parlament, amb 70 diputats de 135, entre els quals hi ha Jordi Sànchez, Jordi Turull i Joaquim Forn.
30 de gener	Dia previst per al debat d'investidura del president Puigdemont. El Tribunal Constitucional, a petició del Govern espanyol, ho fa impossible.
1 de març	La justícia espanyola impedeix, de forma anticonstitucional, que el Parlament investeixi Jordi Sànchez, segon de la llista independentista més votada.

22 de març	Jordi Turull intenta sense èxit ser investit president de la Generalitat en primera votació. Ho podria aconseguir dos dies després, en una segona votació, amb una majoria simple.
23 de març	Jordi Turull i altres consellers, així com l'anterior presidenta del Parlament, Carme Forcadell, compareixen davant de la justícia espanyola i són empresonats novament.
25 de març	El president Carles Puigdemont és detingut a Alemanya.
5 d'abril	La justícia alemanya desestima l'acusació de rebel·lió contra el president Puigdemont.
14 de maig	Quim Torra és investit 131è president de la Generalitat de Catalunya.
16 de maig	La justícia belga denega l'extradició de tres consellers exiliats.
1 de juny	El Partit Popular és expulsat del govern d'Espanya amb l'ajut dels partits independentistes.

Índex